最強プロコーチが教える
ゴルフ 90を切る「素振りトレ」

井上 透

青春新書
PLAYBOOKS

はじめに

〝球を打たないこと〟が上達への近道だった！

みなさんは、「1万時間の法則」をご存じでしょうか？　これは、どんな分野においてもその技術の向上、知識の習得に1万時間（1日9時間で約3年）を継続して取り組めば、エキスパートレベルに到達できるというものです。

この法則を説明するときには、楽器や語学の習得が例として挙げられます。ピアノでもバイオリンでも、プロレベルに達した人の練習時間はおよそ1万時間。また、英語圏の国に3年も留学して英語漬けの生活をすれば、英語が不便なく話せるようになります。

この1万時間の法則はゴルフにも当てはまります。日本の女子ツアーにおいて、選手がゴルフクラブを初めて握ってからシード権を獲得するまでの年月。韓国選手がゴルフを始めてから、トップクラスのプレーヤーになるまでの時間。これらのデータを計算していくと、そこにはおよそ1万時間という数字が隠されているのです。

なにが言いたいのかというと、ゴルフは基本的にやればやるだけ上手くなるスポーツだということです。ひと昔前までは、「上手くなりたかったらトラック1杯の球を打て」などと言われたものですが、そこには一定の真実があるのです。よく、「練習しないで上手くなる方法」といったフレーズを目にしますが、そんなものは存在しません。

ただし、同じ1万時間をこなしたとしても、そのなかで優劣はつきます。やればやるだけ上手くなるとはいえ、そのなかで差が出る。差がつく要因はなにかといえば、それは質だったり、量だったり、体力だったりするわけです。

また、ゴルフの場合は14本のクラブがあり、さまざまなショットが要求されます。さらに、アプローチにもパットにもコースマネジメントにもスキルが求められます。1万時間をドライバーだけに費やしていては、ゴルフは上手くなりません。1万時間のなかに練習ムラがないことも重要になってきます。

練習に1万時間を費やせば、基本的には誰でも上手くなれます。しかし、やり方次第で上達のスピード、パフォーマンスの頂点は変わります。最終的に1万時間練習したとき、選手は上達の上限に達しますが、質の高い努力をした選手ほど早く上手くなるだけでなく、たどり着ける山の頂点が高くなるのです。つまり、早く上手くなることと、すごく上手くなることはある意味でイコールの関係なのだと理解してください。

ここまでの話は、決してプロを目指す選手やアンダーパーを目指す人だけに向けたものではありません。アマチュアゴルファーの方々でも、上手くなるための考え方に違いはないからです。とはいえ、一般のアマチュアゴルファーであれば、その練習にかけられる時間やお金には制限があるはず。どうせ努力をするのであれば、質の高い努力をして、人より早く上手くなってしまったほうがいいと私は考えます。

そこでこの本では、アマチュアゴルファーの方々が、少ない時間を有効に活用し、短い時間で90が切れるようになるためのメソッドを紹介していきます。

効率的に上手くなるための具体的なポイントは第1章で詳しく説明しますが、まず重要なのは質のいいスイングを身につけること。もちろん、自己流の個性的なスイングでもスコアを縮めることは可能です。しかし、質のいいスイングを身につけた人とそうでない人では、上達のスピード、パフォーマンスの頂点について確実に差が出てしまうからです。また、スイングの質が悪ければ目標を達成するのにおそろしく長い時間、多くの練習量が必要になり、目標とするスコアに到達できないかもしれません。

そして、質のいいスイングを身につけるのに大事なのが、この本の大きなテーマである「素振り」です。私は、ゴルフが上手くなるには「素振り美人」になることがとても大切だと考えています。プロゴルファーに素振りの下手な選手はいません。裏を返せば、素振り美人であることは、ゴルフが上手くなる過程で大きな意味を持っているのです。

私が言う素振り美人とは、見た目はもちろん、運動の質のよい素振りができるプレーヤーのことです。この本では、さまざまな目的で、いくつもの道具を使った素振りを紹介しています。それは、質のいいスイングを手に入れるための土台作りであり、質のいい運動をするための感覚作りなので、ぜひ実践してください。

素振り美人になり質のいいスイングを身につけることができれば、グリーンにパーオンさせること、もしくはボールをグリーン周りまで運ぶことが容易になります。そして、第3章で紹介するショートゲームを磨けば、グリーンを外しても確実にグリーンをとらえ、2パット以内で上がれるようになる。それは悪くてもボギー、上手くいけばパーで上がれるようになることを意味します。その結果として90切りが実現できるわけです。

人より早く90切りたいと思うのであれば、質の高い努力をすることです。間違った努力をしていたら目標達成までに10年かかるものが、質の高い努力をしていれば3年、いや1年で達成できるかもしれない。間違った努力でハンデ15になれる人であれば、正しい努力をすればシングルさえ通過点になるかもしれないのです。

上達への正しい道を歩んでいれば、90を切るという目標は決して高いものではありません。そのためのお手伝いができれば、私は光栄に思います。

井上 透

最強プロコーチが教える ゴルフ 90を切る「素振りトレ」 [目次]

第1章 素振りが上達への近道である これだけの理由

第2章

見違えるほどスイングが変わる、安定する「素振りトレ」

第3章

スコアメイクのカギを握る
アプローチ&パットを磨く

第4章

コースで打たれ強いメンタルをつくる5カ条

構成　乃木坂魚紳
写真　岩村一男
カバー・本文イラスト　中村知史
本文DTP　センターメディア

第1章

素振りが上達への近道であるこれだけの理由

人より早く上手くなるためには、上達の早い人と遅い人の違いを知ることが大切。短時間でもいいから毎日素振りをすると、上達スピードはグンと速くなる。

「質のいいスイング」がないと、どこかで必ず壁にぶつかる

同じ時期にゴルフを始めても、早く上手くなる人と、なかなか上手くならない人がいます。同様に、練習量やラウンド数はあまり変わらないのに、上達の早い人と遅い人がいるものです。この違いはどこにあるのでしょう？　まず、考えられるのはスイングの質の違い。スイングのいい人とそうでない人では、上達のスピードに大きな差が出るだけでなく、最終的な到達点がまったく違ってしまうのです。

たとえば、前は同じ100を切る程度のスコアだったのに、1年後には大きな差がついていることがあります。100を切れるということは、球に当てることができて、ある程度のエリアにボールを運べる中級者でしょう。しかし残念ながら、悪いクセのまま、自己流で球に当てることを覚えてしまった人も多いです。「あぁ、そういう当て方を覚えてしまいましたか」という人で、そういう人はその後の上達スピードが遅いようです。

もちろん、多少スイングが悪くても、アプローチやパットがずば抜けて上手ければスコ

アを縮めることはできます。でも、そのスイングがさまざまな局面で足を引っ張ることは確実。また、スイングの質が悪いとエネルギー効率が悪いため、打てない球が存在します。すると仮に90を切れたとしても、そこから先が伸びなくなってしまうのです。

最終的に目指す上級者のいいスイングというのは、なんでもできるスイングです。強く打ちたいときは強く打てる。コントロールしたいときはそれができる。高い球も低い球もフェードもドローも打ち分けることができる。そういうスイングを目指すことが、上達のスピードをアップさせるのです。もしあなたに打てない球があったら、それはスイングの仕組みに大きな問題がある証拠。そのままでもスコアを縮められるかもしれませんが、より上を目指すとき必ず障害になります。90切りはもちろん、もしあなたがシングルを目指すのであれば、まずは質のいいスイングを身につけることを目標にしてください。

上達が早い人
質のいいスイングを身につけている

上達が遅い人
スイングの質が悪いままスコアをつくっている

本番で素振りのようなスイングができないのはなぜか？

自分が自己流の悪い当て方をしていないか、チェックしてみましょう。スマホもしくはビデオカメラで、自分の素振りを正面と後方から撮影します。次に、同じ位置から球を打ったときのスイングも撮影し、素振りと実際のスイングを比較してください。クラブの軌道、体の動きにギャップがある人は、自己流の悪い当て方をしています。そのギャップが大きいほどアジャストする動作が大きく、悪いクセが身についているのです。

チェックするときは、クラブが同じ軌道を描いているか、同じリズムでスイングできているか、フィニッシュは同じように取れているか、細かく見ていきます。とくに、切り返しからダウンスイングにかけてのクラブのリリースはしっかりチェックしてください。

たとえば、球に当てにいく人ほどクラブのリリースは早くなります。ダウンスイングで手元が腰の高さまで下りてきたとき、左腕とクラブが作る角度が90度以下の人はリリースが早いです。これは、ダウンでフェースが開いたことを脳が感じ取り、右に飛ばないよう

素振りと本番の動きに差があるのは、自己流の悪い当て方をしている証拠。素振りでは手首にタメができていても（右）、実際に球を打つとリリースが早くなる人が多い（左）。

フェースを閉じようとする動作。フェース向きを調整するために、正しい動きを犠牲にしているのです。素振りでは比較的上手にタメをつくれるのに、球を打つと、リリースが早くなってしまう人は、正しくない当て方で球を打つという負の経験を積み重ねてきている状態といえるでしょう。

正直に言えば、かなりの上級者でない限り、素振りと本番には差があるもの。ほとんどのアマチュアの方は、少なからず自己流の悪い当て方をしているのです。

球を打たないほうが上手くなる!?

自己流の悪い当て方を覚えてしまった人の場合、そのままの状態で多くの球を打つことは、あまりオススメできません。このような人がたくさん球を打つと、悪い動きを定着させるだけでなく、悪い動きを助長させ、上達を遅らせる原因になるからです。

「球を打ちながら動きを直せばいいじゃないか」と考える人がいるかもしれません。しかし、それはかなりハードルが高い作業です。球を打てばミスが出ます。曲げることを恐れ、球に当てることに気を取られながら悪いクセを取り除くのは簡単ではありません。

たとえて言えば、球を打ちながらキレイなスイングをつくるのは、ダンスの初心者が歌を歌いながら踊るようなもの。それが難しいことは容易に想像できるはずです。

以前、私のところに来たジュニアゴルファーに、1カ月間球を打たせなかったことがあります。それは、彼のスイングがあまりにも悪かったからです。その動きのまま、球をいくら打たせても大きな成長が望めないどころか、ケガにつながる危険性さえも考えられました。それから1カ月で彼はいい素振りができるようになり、その結果、ゴルフを始めて2年で70台が出せるようになったのです。

自己流で球を打ち、正しくない方法で球をある程度のエリアまで運ぶことを覚えてしまうと、なかなかその状態から脱却できなくなってしまいます。このような場合、一見遠回りに感じられても、いい素振りができるようになるまでは数多くの球を打たないほうがいい結果に近づきます。

球を打つことがゴルフの喜びであることは間違いありません。でも、本気で上手くなりたいのであれば、球を打たない勇気を持つことも大切なのです。

「素振り美人」を目指そう！

自己流の悪い当て方を覚えてしまった人にまずやってもらいたいのは、「素振り美人」になることです。私の言う素振り美人とは、スイングの形やリズムはもちろんですが、いい軌道で振れるようになることを意味します。素振り美人になれるかなれないかは、その後の上達スピードに大きな影響を与えるのです。

プロゴルファーに素振り美人でない選手はいません。裏を返せば、素振り美人であることは、ゴルフが上手くなるプロセスにおいて、とても重要な条件だと言えるのです。

本気で上手くなりたい初心者のジュニアゴルファーが私のところへ指導を受けに来たとしたら、いい軌道で素振りができるようになるまで球は打たせないでしょう。そのほうが上達が早いからです。

たとえば、その子がいい軌道で振れるようになってから球を打たせたら、球が右に飛んだとします。これは、インパクトでフェースが右を向いて当たっているためです。でも軌道はいいのだから、フェースを閉じさえすれば、球はまっすぐ飛ぶようになります。

ところが軌道が悪い場合、球が曲がる原因は軌道なのかフェース向きなのか打点なのか、自分で判断することができません。この場合、球が右に飛んだからフェースをかぶせたとしても、まっすぐ飛ぶとは限らないのです。このように、いい軌道で振れる人（＝素振り美人）と、そうでない人とでは、ミスの修正ひとつをとっても手間が大きく違います。この差が、成長スピードに大きく影響してくるのです。

素振り美人というと、一般的には「素振りはいいけど本番になるとダメ」というような意味で、一般的にはネガティブな場面で使われることが多い言葉だと思います。

しかし、私はゴルフが上手くなるには素振り美人である必要があると考えています。素振り美人を馬鹿にする人は、キレイな動き、いい軌道でスイングする努力を放棄した人だとも言えます。それは、あとあと大きな差となって表れるのです。

上達が早い人
見た目にいい素振りができる

上達が遅い人
いい素振りができないばかりか、それを目指していない

"キレイなスイング"はそれほど難しくない

「素振り美人を目指そう」というと、「それができれば苦労しないよ……」と考える人が多くいるようです。しかし、誰が見てもキレイだと感じるような素振りを身につけるのは、実はそれほど難しいことではありません。

たとえば、韓国のトップ選手はキレイなスイングをしていると言われます。でも、本当は上から100番目の選手も、500番目の選手も、もっと下位の選手も、みんなキレイなスイングをしているのです。トップ選手は、そのなかでより高い技術やスイングを管理できているだけで、キレイなスイングなんて誰にでもできる普通のこと、当たり前のことなのです。要は、鏡の前で球を打たずにスイングして、ティを叩くか地面（マット）を擦《す》る。その状態でキレイに振れていれば、それでいいのです。

私は、スイングはダンスと同じだと考えています。そもそも、素振りとは球を打たないわけですから、ゴルフクラブという名の棒を持った踊りなのです。それはフォークダンス

や盆踊りのように一日でマスターできるほどはやさしいわけではありませんが、韓流アイドルのダンスのような、キレとスピードの必要な難度の高いものでもありません。

たとえて言うなら、エアロビクスダンスのようなもの。普通の主婦の方や小学生でも、見様見真似でマネをしたら、それなりに踊れるようになるダンスです。それを習得するようなものだと考えれば、キレイなスイングを身につけることは、それほど難しくないと思えるのではないでしょうか。

「お気に入りのプロ」を見つけてマネしよう

ダンスを経験した人はよく知っていると思いますが、ダンススタジオは360度が鏡張りの部屋で、目の前で指導をする先生の動きについていきます。そのため、自分は人とは違うとか、自分だけついていけていないということに気づきやすく、それを合わせようとすることでダンスを覚えていくわけです。

この手法は、ゴルフスイングを身につけるうえでも非常に参考になります。韓国の選手たちは、先生がスイングをするのを見ながらみんなでスイングをして、それを覚えていきます。彼ら、彼女らがみんなキレイなスイングをするのは、みんな同じスイングを見て、それをマネして覚えてきたからなのです。

そういう意味では、自分が目標にするスイングを映像で見ながらそれをマネするというやり方は、古典的ではありますが実は効果的です。今の時代、さまざまな選手のスイングが動画配信サイトなどを通じて見ることができます。そこから自分が好きな選手のスイングを選び出し、それを見てダンスを覚えるようにスイングを覚えればいいのです。

ただし、タイガー・ウッズやロリー・マキロイなどはヘッドスピードも全体のリズムも速く、一般男性がマネをするのは難しいと思います。オススメは、動きのキレイな韓国の女子選手。彼女たちは体を鍛えているので一般男性に近いパワーを持っていますし、ヘッドスピードも40～42m／秒とアベレージゴルファーに近く、スイングのリズムなども合わせやすいからです。

ゴルフスイングを「球を打つ手段」としてではなく、「形や動きを覚えるもの」としてとらえることができれば、キレイなスイングを身につけることは、それほど難しいことではありません。先生の背中を後ろから見て、先生を見ながらモノマネしていく。そのような、ダンスを覚えるのと同じやり方で覚えていけば、誰でもいいスイングの形を身につけることができるのです。

素振りにおいて大事なのは、形、リズム、そして、いい軌道で振れるということ。この軌道のつくり方については、第2章で詳しく説明していきます。

自分の「現時点のレベル」を把握できていますか？

上達が早い人というのは、いま自分がどのレベルにいて、何をすべきなのかということがよくわかっています。

たとえばマラソン選手であれば、いま自分が何キロ地点にいるのかでペース配分は大きく違ってくるはずです。序盤であれば、他のランナーの動向を見ながら自分のペースを守って走るでしょうし、ゴール手前の最終コーナーであれば、多少無理をしてでもラストスパートをかけるかもしれません。

ゴルフもこれに似ています。自分が初級レベルにあり、基本的な動作が身についていないのであれば、それを習得すべきでしょうし、上級レベルにあって、弱点がアプローチだとわかっていれば、それを補強することに力を注ぐわけです。このように、自分がどのレベルにいるかを認識して具体的な問題点を見つけることは、ゴルフが上達するうえで非常に大事な作業だといえるでしょう。

ところが、上達の遅い人はこの作業を苦手にしていることが多いと言えます。「今日は当たる」「今日は曲がる」「この前のほうがよかった」など、その日その日の調子しか考えません。そして、調子が悪いときには「なにがおかしいんだろう……？」と考えるものの、その答えが出せないまま過ごしてしまう。

さらに、上手く当たる日があると「わかった！ コレだ！」と開眼したつもりになり、当たらなかった日のことは忘れてしまう。これでは上手くなるはずがありません。

現在の自分のレベルを知らずに練習することは、上達の妨げにすらなります。この本では、さまざまな場面で自分のレベルを知るチェック方法を紹介し、それに応じた練習方法を提示します。ゴルフが上手くなりたければ、「自分ができること」「できないこと」を正確に知る。そういうクセをつけるようにしてください。

上達が早い人

自分のレベルを正確に把握できる

上達が遅い人

自分ができないことと、できない理由がわからない

上達が早いのはミスを正しく反省できる人

自分のミスに対して、正しく反省できるかどうか。これも上達の度合いを分ける大きなポイントになります。いくつかの例を挙げて説明しましょう。

たとえば、7番アイアンがダフるミスに対して、右足に体重がかかっていることが原因だと考え、左足に体重をかけて当たるようになったとします。その人は「よし、わかった」と思うかもしれませんが、番手によってミスの傾向は変わります。7番がダフるということは、ミドルアイアンのゾーンがダフるということしか表していないわけですが、その人はすべての番手が同じだと考え、すべての番手を左足体重で打ってしまう。すると、ドライバーが全然当たらなくなったりするわけです。

また、多くのアマチュアはつま先上がりのライを不得意にしています。ボールが足元より高い位置にあるため、自分が思っていたよりヘッドが下を通りやすいからです。ヘッドが下を通ると、トウ寄りに当たって球が右に飛ぶミスが出やすくなります。このとき、ヘッドが下を通ったことを認識できればいいのですが、球が右に飛んだことで「フェースが開いた」とか、「シャンクした」と誤認する人が多くいます。すると、次のショットはフェースを被せて打つことになるので、球がすごく左に飛んでしまうのです。

　さらに、同じトップのミスでも、すくい打ちのトップと上から打って薄く当たったトップでは、現象は同じでもその質は全然違います。当然、修正の仕方も違うわけですが、起こっていることの分析を間違えると真逆の〝薬〟を処方してしまう危険もあるわけです。

　このように、ミスを正しく反省できないといつまでも同じミスを繰り返すことになり、成長のスピードが著しく落ちてしまいます。上手くなりたいのであれば、ミスを正しく反省する力をつける。ここに大きな意味があるのです。

上達が早い人

ミスに対して正しく反省できる

上達が遅い人

ミスの原因がわからず、直し方を間違えてしまう

ラウンド後はその日のうちに〝復習〟をする

たとえば学校のテストでも、間違えた数学の問題を見直しもせずに放っておけば、1カ月後もその先も同じ個所でミスをしてしまいます。

これと同じで、ミスに対する反復練習をするかしないかは、その後の上達に大きく影響してきます。ラウンド中に出合ったミスに対して、それを克服する練習をしないと、同じミスをいつまでも繰り返すことになるからです。10年やっても20年やっても、全然上手くならない。ゴルフ歴は長いんだけどなかなか上達しないという人は、このようなところに問題があると考えられるのです。

よく、「上手くなりたかったら、ラウンド後（その日のうち）に練習をしなさい」と言われます。これは、その日のラウンドで出たミスを忘れないうちに練習することで、同じミスを繰り返さないようにする効果があるからです。ミスに対する悔しい気持ちが冷めないうちにそれを克服すべく練習に努めることには、とても大きな意味があるのです。

たとえば同じ月イチゴルファーでも、ある人はひと月の間にラウンドで出合ったミスを振り返り、そのミスが出たことを反省し、それを克服する練習をしてから、なんらかのテーマを持って次のラウンドに臨む。

それに対して、ミスの反省も練習も一度もしないで次のラウンドに臨む人とでは、結果は自ずと変わってきます。

練習場に行くのが大変だったら、ラウンド後ほんの5分でいいから、そのラウンドを振り返り、そのときに出たミスを確認しましょう。そして一度でいいから、そのミスを克服するための練習をする。そういうクセをつけるだけで、上達のスピードはまったく違ってくるのです。

上達が早い人

ラウンド中のミスをその日のうちに克服しようとする

上達が遅い人

次のラウンドまで反省や練習をしない

反省すべきはスコアではなくショット

ゴルフが早く上手くなるには、ラウンド後に自分を振り返り、反省し、そこで出たミスを克服する練習をすることが大切だと前項で説明しました。

ここで注意したいのは、反省すべきはあくまでショットなどの内容で、スコアではないということです。スコアというのは、コースの難度や環境が大きく影響します。ですから、それだけで調子のよし悪しを評価し、練習のテーマにすることはできないのです。

たとえば、プロが同じコースを回っても、真冬でグリーンが凍っているときとベストコンディションのときでは、本人がまったく同じ状態でも5～10打はスコアが変化します。

ジュニアからも、真冬に「最近いいスコアが出ないんです」などと相談されることがありますが、コースの状態という要因が大きいので、「気にするな」としか言えません。

では、ラウンド後の反省をするときは、どのようなことに重点を置くべきでしょうか。

これはティショット、ミドルアイアン、アプローチ、パットというように、個別のショット、番手ごとに、どんなミスの傾向があったのかをチェックするのです。スライス、フック、ダフリ、トップ、トウ寄りに当たる、ヒール寄りに当たるなどなど。まずは番手ごとのミスの傾向を思い出し、それを忘れないうちに練習で修正してください。

ここで大切なのは、そのミスがコンスタントに出ているのか、それともそのミスをイヤがって出たミスなのかをしっかり認識しておくことです。人間というのは、右にミスをしたら、左にもミスをするもので、片方のミスしか出ない人というのはいません。右のミスをイヤがれば、左のミスが出やすくなるのです。同じ右のミスでも、フェースが開く傾向があって右に出ているのと、左のミスをイヤがって出たミスでは、直し方が変わってくるのです。

基本的に、修正できるのはコンスタントに出るミス、傾向のあるミスです。この傾向のあるミスをイヤがって出るミスの対応策については第4章でお話ししていきます。

上達が早い人
どのクラブのどんなショットにミスがあったのかを検証する

上達が遅い人
スコアばかりを気にしてショットの内容を振り返らない

いろいろなモノで素振りをするとセンスが磨かれる

よく、上達の早い人を、「センスがある」とか「勘がいい」などと評することがあります。しかし、生まれつきセンスがあって、勘のいい人などこの世に存在しません。

「センスがいい」「勘がいい」と言われる人は、小さいころになにか別のスポーツや運動を経験していて、その感覚をゴルフに転用しているだけなのです。女性にセンスを感じさせる人が少ないのも、男性に比べて運動経験が少ないことが影響していると考えられます。

たとえば、野球経験者は最初から空振りも少なく、球に当たります。これは大きなアドバンテージですが、生まれつきセンスや勘がいいわけではありません。野球の経験によって得た「モノを振る感覚」「モノを打つ感覚」をゴルフに応用しているのです。

ですから、自分にできない動きがあったとしても、それは、「その動きを経験したことがないだけ」だと考えるようにしてください。その場合は、別の運動で同じものを経験し、それができるようになってからゴルフスイングに応用すれば、できるようになります。運動の感覚の「ある・なし」というのは、経験と訓練によって構築されていくもの。さまざまな運動を経験することが、あなたのスイングの質を磨いていくのです。

とはいえ、これから新しいスポーツをいくつも始めるのはなかなか困難でしょう。そこでやってもらいたいのは「さまざまなモノで素振りをする」という練習です。長さ、重さ、形状が違えば、それぞれに適した運動が要求されます。それらを振り、運動の違いを感じ取ることで、ゴルフクラブの効率的な振り方が自然と理解できるようになるのです。

この本では、さまざまな場面でゴルフクラブ以外のモノを使った素振りを紹介します。それらはゴルフのセンスを磨くとともに、上達スピードをアップさせる助けとなるので、ぜひ実践してください。

上達が早い人
さまざまな運動経験を積んできている

上達が遅い人
他の運動の経験が少ない。またはやってみようとしない

ゴルフは「調整力」のスポーツである

多くのアマチュアゴルファーは、上手い人ほど技術が安定していて、いつも同じスイングをしていると考えがちです。そして、いつか自分もそうなりたいと願っているのではないでしょうか。しかし、それは間違った認識と言わざるを得ません。

上級者であろうとプロであろうと、人間である限り、「ずっと同じ」状態でいることはできません。調子は日々変化し、昨日できたことが今日はできない。体の動きもボール位置も毎日わずかに違ってくる。それが当たり前。そういうものなのです。

では、上手い人とそうでない人はどこが違うのか？　それは、変化する調子をどのように調整できるかにかかっていると言えるでしょう。

トッププロを例に挙げると、「いつもより少し球が高いな」と感じたとしたら、彼らはすぐ〝低くする薬〟でニュートラルな状態に調整できます。ドローが強いときには〝フェードの薬〟を、トウ寄りに当たるときには〝ヒールに当たる薬〟を即座に処方し、あたかも「いつも私は同じなんですよ」と演出できる。そういう選手が「上手い」のです。

逆に、「あれ？　この前まで調子よかったのに、なんで最近はイマイチなんだろう」とか、「いつも同じ調子でいられたらいいのに」などと考える選手は、どんなに才能があっても「上手くないな」と感じてしまいます。

なかなか上手くならない人ほど「安定」を求めます。しかし、変わらないスイングを持っている人、好不調の波がない人などこの世に存在しません。何も変わらない人が上手いのではなく、「常に変わっているものを管理できる人」が上手いのです。

ですから、ゴルフが上手くなりたかったら、この不安定を調整する力を磨く必要がありますゴルフが上手くなるには、不安定なものをあたかも安定しているように見せられる力が必要だということを理解してください。

上達が早い人
その日の調子に対する調整力が高い

上達が遅い人
好不調の波に翻弄され、調整力がない

子どものように、適当にたくさん打つ

子どもはすぐに上手くなると言われます。そんなところにも、上達のヒントはあります。では、大人と子どもの違いはどこにあるのでしょう。

まず、子どもには基本的に教わる能力が備わっていないので、レッスンには強制的な部分が大きくなります。厳しい先生のところでいい選手が育つことがあるように、親や先生にガミガミ言われることにも一定の効果があるのです。しかし、大人の場合は本人に教わる能力があるかないかが、かなり重要になってくると言えるでしょう。

たとえば、先生の言っていることや本に書いてあることがよく理解できないとしたら、それは少し問題です。指導者やレッスン書に問題がある場合もありますが、理解しようとする努力が足りない気がするからです。基本的なゴルフ用語を覚えることはもちろんですが、言われたこと、書かれていることの意味を考え、とりあえずは試してみる。教わり上手になるためには、そういう姿勢が必要になります。

　また、子どもは直感的で形が身につきにやすいのに対して、大人は型はある程度できていても、動きがなかなかよくならない傾向があります。それは、考えすぎるから。頭で考えながら打っていると、なかなかいい動きは身についてくれないのです。型にはまらず、自由な動きでスイングしている子どもを見ると、「柔軟性がある」などと評する人がいますが、大人と子どもではそもそもスタートが違うのです。

　だから、私が子どもを指導するときには、型（グリップやアドレスなど）から始め、そこをうるさく指導したりします。けれども、大人には、真面目になりすぎるな、子どもみたいになれと教えることもあるのです。いい意味で適当にたくさん打つ。融通の利かない考え方やこだわりを捨てて、上手くなるために自由な選択をする。そういうことができる人のほうが上達のスピードは速いのです。

上達が早い人

いい意味で子どものようになれる

上達が遅い人

真面目で融通が利かない

〝正しいポジション〟に固執しない

上手くなるには真面目になりすぎないことが大切です。たとえば、アマチュアゴルファーのなかには、「ターゲットラインに対してスクエアに構え、フェースをスクエアに合わせ、フェースの真ん中にボールを置いて打たなければいけない」と考える人が多くいます。しかし、それはあまりいい考え方だとは思いません。まっすぐ構えてフェースの真ん中にボールを置いたところで、芯に当たってまっすぐ飛ぶ保証などどこにもないからです。

「芯に構えたら（フェースの真ん中にボールを置いたら）、芯に当たりやすいのではないか」。その考え方はわからないでもありませんが、実際にはそんなことはありません。芯に当てることが第一目標なのに、まっすぐ真ん中に構えることが目標になって、芯に当てることがおろそかになっている。これでは本末転倒というものです。

もちろん、私がアマチュアの方を教えるときも、極端なクセがつかないように、ある程度は教科書的なポジションをアドバイスすることになります。ですが、もしクローズスタンスのほうが芯に当たりやすいのであればそうすべきだし、ボールをフェースの真ん中に置いても芯に当たらないのであれば、トウ寄りに置いたり、ヒール寄りに置いたりすればいいのです。結果がいいのであれば、そういうアレンジをすることに遠慮はいりません。

このように、アマチュアゴルファーの場合、自分で自分の自由を奪っているケースが多いような気がします。しかし、その融通の利かない考え方が、上達を遅らせている場合もあるということに気づいてください。

アライメントもボール位置も、フェースの構え方も、「こうでなくてはならない」というルールはありません。それらを選ぶ権利は個々のプレーヤーにあるのですから、いろいろ試してみるべきなのです。そうして自分なりの正解を見つけられる人が、結局早く上手くなるのです。

上達が早い人
自由な選択、そして試行錯誤ができる

上達が遅い人
ひとつのやり方に固執して、柔軟な考え方ができない

ショートゲームのセンスがスコアに直結する

よく言われることですが、アプローチとパットの練習量が多い人ほど上達は早いです。100ヤード以内から確実にグリーンに乗せることができて、確実に2パット、ときに1パットで上がれるようになれば、80台のスコアは約束されているようなもの。それがスコアメイクに直結することは、容易に想像できるはずです。

アプローチの練習量が多い人は、アプローチが好きな人だと思われがちですが、それ以上に練習環境に恵まれている人だと言えます。たとえば、1球単価が20円を超えるような料金の高い練習場を利用しているプレーヤーの場合、どうしてもドライバーショットなどの比重が大きくなり、アプローチの練習量は減ってしまいます。しかし、アプローチというのは、打ち方以上に勘や感覚が求められる分野です。これらは、球をたくさん打つことでしか磨かれません。だから、1球単価が安い練習場や打ち放題のサービスがある練習場を利用している人のほうが、練習量を増やしやすいわけです。

同じように、練習場に芝から打てるアプローチエリアがある、メンバーコースにアプローチグリーンがある、近くにショートコースがあっていつでも利用できるなどの環境があると、アプローチ上手が生まれやすくなります。また、身近にアプローチの上手い上級者がいて、お手本（距離に応じた球のスピード、状況に応じた寄せ方など）を見せてもらえると勘やイメージが磨かれやすく、上達スピードが速くなりやすいでしょう。

このように、アプローチの上達は環境要因によって大きく左右されると考えてください。具体的な打ち方や練習法については第3章で詳しく説明していきますが、アプローチが上手くなりたいのであれば、まずは打ち放題の練習場や、1球単価の安い練習場、時間貸しの室内練習場など、なるべく安く、たくさん打てる環境を見つけましょう。そして、お手本を見せてくれる上級者を見つけることが大切です。

上達が早い人
ショートゲームの練習量が多い

上達が遅い人
ショートゲームの練習量が少ない

上手くなる人は自分に負けるのが大嫌い

同じ時期に始めたジュニアでも、ちょっとやんちゃな子のほうが上手くなるのが早かったりします。女子プロを見ても、ちょっと勝ち気で、気が強い子のほうが早く強くなる傾向があります。負けず嫌いというのでしょうか。そういうメンタリティは、ゴルフの上達のスピードや強さに大きく影響してくるのです。

競技やトーナメントを戦う彼ら、彼女らの場合、人に負けたくないと思うのは当然ですが、それと同じくらい「自分に負けたくない」と考える選手が多いようです。弱気になってミスをした自分に対して、「なんでこんな弱気になっているんだ」「こんなことでミスをする自分が許せない」など、「弱い」自分に対して怒りを感じ、戒め、その弱気を振り払うことができる。そういう選手のほうがいち早く強いプレーヤーになれるのです。

「ゴルフの場合、心が揺さぶられたことによって、思わぬミスが出たり、普段できることができなくなったりするものです。たとえば、フェアウェイはある程度広いものの左サイドが全面ウォーターハザードであるような場合。池さえなければフェアウェイに運ぶのは苦にならない選手でも、必要以上に池を避けて、右にミスをしてしまうということがあります。そんなときでも、きっちりとフェアウェイセンターをキープできる。そういう選手が「強い選手」だと言えるのです。

また、左にOBを打った後で右に大きくミスをする。カップを大きくオーバーした後に大ショートするなどというミスは、技術的なミスというより、その前に犯したミスによって引き起こされた、メンタルブレによるミスだと言えます。

プロ、アマを問わず、ゴルフが上手くなるためには、このような「揺さぶられた心」と向き合い、それによって引き起こされるであろうミスを回避する必要があります。「いやぁ、私は負けず嫌いではないから、そんなふうにはなれない」と考える人がいるかもしれませんが、「揺さぶられた心」に負け続けるということは、すなわち上達をあきらめることにつながるわけです。

この「揺さぶられた心」との向き合い方については、第4章で詳しくお話ししますが、自分に負けないことが上達につながるということは、しっかり覚えておいてください。

第１章のまとめ

◎悪いクセを放置せず、“素振りでキレイなスイング”をつくる

◎スインググのお手本は、体力の近い「女子プロ」がオススメ

◎まずは自分のスイングの「現在地点」を正確に把握する

◎ラウンドで起きたミスはその日のうちに発見・改善する

◎“ミスを修正しようとして出るミス”もあるので要注意

◎ゴルフクラブ以外で「振る感覚」「打つ感覚」をつかもう

◎ミスが出るのは当たり前。ゴルフは調整力のスポーツだ！

第2章

見違えるほどスイングが変わる、安定する「素振りトレ」

人より早く上達するには、素振りによって質のいいスイングを身につけることが大切だと井上プロは言う。誰に教わらずとも上手くなれる、井上流上達法とは？

質のいいスイング、3つの条件

人より早く、効率的に上手くなりたいのであれば、質のいいスイングを身につけることが大切です。では、質のいいスイングの基本条件とはどのようなものでしょう?

ポイントは3つあります。まず、①正しい軌道で振れること。これは、いわゆるオンプレーン、つまり正しいスイングプレーン（アドレスしたときのシャフトに沿った面）どおりに振れることです。90切りだけでなく、将来的なシングル入りを目指すのであれば、完璧なオンプレーンでなくても、それに近い精度の軌道を実現する必要があります。

2つめは、②フェースの向きを管理できること。基本的に軌道がストレートの場合、ターゲットラインに対して、フェースが右を向いていれば球は右に飛び、左に向いていれば球は左に飛びます。ですから、ストレートに近い球を打ちたいのであれば、スクエアなフェース向きでインパクトできるようになることが目標になるわけです。

そして3つめは、③打点が安定していること。トウ寄り、ヒール寄り、上下に大きく外すことなく、クラブのスウィートスポット（芯）付近でボールをとらえられるということです。初・中級者レベルだと、自分がどこで打っているかを感じ取れていないことも多いですが、これを感じ取るとともに、その打点を芯に近づけることが大切です。

ストレートな軌道でスイングすること、フェース向きを管理すること、打点を安定させる（芯で打つ）こと。これら3つを満たしていることが「質のいいスイング」の条件ですが、基本的に1つめの軌道は、素振りだけで身につけることができます。それに対して、2つめのフェース向きと、3つめの打点に関しては、経験や勘が必要な部分であり、球を打つことで磨いていくことになります。考え方としては、素振りで正しい軌道を身につけ、それから、フェース向きと打点を安定させる。この手順を踏むことが、質のいいスイングを身につける秘訣だといえるでしょう。

質のいいスイングの条件

① 正しい軌道で振れる
② フェース向きを管理できる
③ 打点が安定している

正しい軌道を身につける素振りトレ①

まずは自分の軌道をチェックする

質のいいスイングを身につけるには、正しい軌道で振れることが第一条件となります。そのためには、クラブヘッドがターゲットライン（ボールと目標を結んだ線）をなぞるようにまっすぐ上がって、まっすぐ下りてくる軌道を目指してください。これを意識することで、クラブの軌道はオンプレーンに近づくのです。

そこで、まずは自分がどんな軌道でスイングしているのか、チェックしてみましょう。ターゲットラインに対して2本のスティックを平行に置いたら（スティックの間隔はヘッド1個半程度が目安）、スティックと平行に立ち、2本のスティックの間をヘッドが通過するように素振りをしてください。

このとき、何度スイングしてもスティックに当たらず、地面（マット）の同じ部分を擦ることができれば問題はありません。しかし、多くの人はバックスイング、もしくはダウンからフォローでスティックに当たったり、擦る場所が不安定だったりするのではないで

青春出版社

出版案内

http://www.seishun.co.jp/

体を悪くするやってはいけない食べ方

管理栄養士 望月理恵子

新書判 1000円＋税

×朝食に和食
×野菜から先に食べる
×食物繊維たっぷり…

その食べ方、逆効果です！

知らないと怖い真実が満載

978-4-413-21103-1

青春新書 PLAYBOOKS

「保険のプロ」が生命保険に入らない もっともな 理由

大反響！続々重版

すでに保険に入っている人も、いま検討している人も、生命保険をどうするか――そのシンプルな結論！

新書判 920円＋税

オフィスバトン「保険相談室」代表

後田 亨

978-4-413-21091-1

〒162-0056 東京都新宿区若松町 12-1 ☎03(3203)5121 FAX 03(3207)0982

書店にない場合は、電話またはFAXでご注文ください。代金引換宅配便でお届けします（要送料）。
＊表示価格は本体価格。消費税が加わります。

1802実-A

しょうか。自分ではまっすぐ振ろうとしているのに、インサイドから来ている、アウトサイドから来ている。それは、素振りそのもののイメージが偏っている証拠です。この場合は、正しい軌道で振れるようになるための訓練が必要になります。

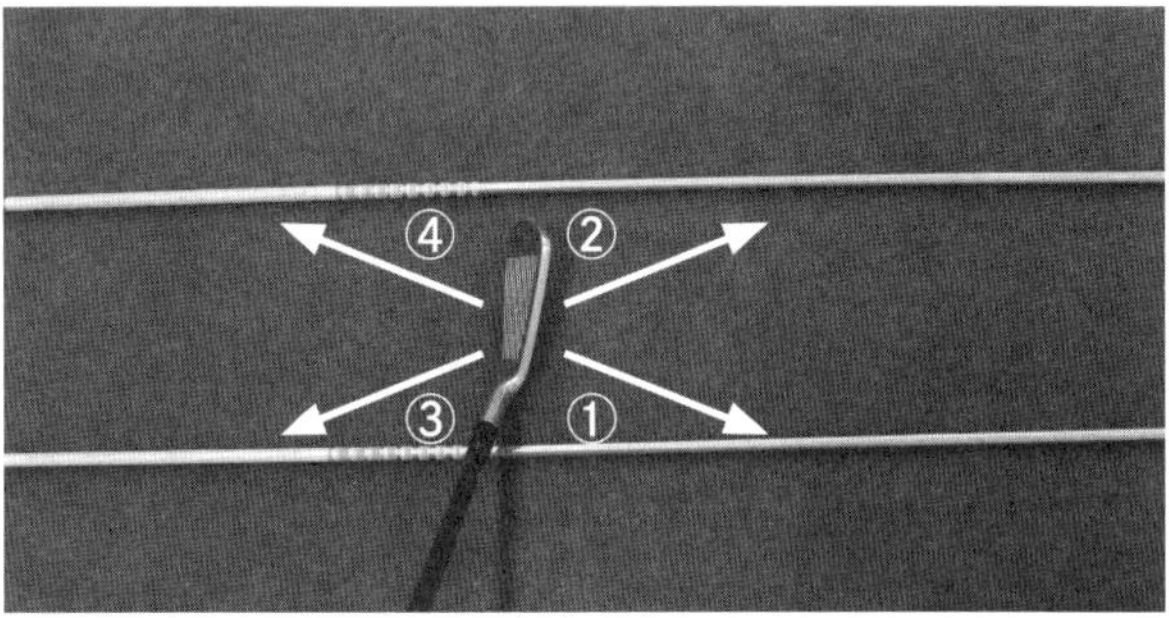

①テークバックで手前のスティックに当たる
→テークバックがインサイドすぎる
②テークバックで奥のスティックに当たる
→テークバックがアウトサイドすぎる
③フォローで手前のスティックに当たる→軌道がアウトサイドイン
④フォローで奥のスティックに当たる→軌道がインサイドアウト

正しい軌道を身につける素振りトレ②

2本の棒の間をまっすぐ振る

自分の軌道をチェックしたら、ターゲットラインに対してまっすぐ振れるようになるための訓練をします。基本的な要領は前ページのテストと同じ。ターゲットラインと平行に2本のスティックを置き、その間をヘッドが通過するように素振りをするのです。

テストのときには、2本のスティックの間隔を狭くしましたが、この練習をするときには少し広く（クラブを振ったときに体が委縮しない程度）しておきます。レベルにもよりますが、ヘッド2～3個ぶんが目安でしょう。

ポイントは、ヘッドがスティックに当たらないようにまっすぐ振ること。そして、必ず地面を擦るということです。アマチュアゴルファーの場合、素振りをするときに地面を擦らずに空中を振る人が多いのですが、安定したスイングをするためには自分と地面との距離感をつかむことが大切です。そのためには、毎回同じ場所を、安定した入射角度で擦る訓練が必要なのです。土の上で素振りができないのであれば、人工マットを利用しても構いません。その場合も、必ず毎回マットを擦るようにしてください。

これをドライバーからウェッジまで、まんべんなくこなします。ドライバーの場合は左わきの前あたりにゴムティが来るように立ち、これを打つように素振りしましょう。

素振りトレのポイント

①棒に当たらないように振る
②地面（マット）を薄く擦る
③ドライバーからウェッジまで振る

２本のスティックの間を「通過させる」意識で振る

正しい軌道を身につける素振りトレ③

体の真ん中より左を薄く擦る

　前項の練習をするときには、常にストレートな軌道で振ることと、毎回同じ位置を薄く擦ることを目標にします。ドライバーの場合は左わきの前あたりのゴムティを打ち、ユーティリティ、ミドルアイアンであれば左目の前から左耳の前の間、ウェッジであれば鼻の真下の地面（マット）を擦るのが目安です。

　ただ、この地面を擦る位置に関しては厳密なものではありません。アイアンであれば、自分の体のセンター（鼻の真下）より左側（目標寄り）を薄く擦っていればＯＫだと考えてください。この練習を繰り返していると、番手ごとの地面（マット）を擦る位置が安定してきます。そのあたりにボールを置いて打てば、ミート率もアップするでしょう。

　ヘッドが体のセンターより右に落ちるのはダフっている証拠。この場合は右足に体重がかかりすぎていないか、アッパーに振ろうとしていないかをチェックしながら、体のセンターより左を擦れるように修正していきます。また、ヘッドが思ったより手前に落ちる人

ヘッドが体の中心より右に落ちる

【原因】体重が右にかかりすぎている。アッパーに振っている。アーリーリリースなど

ヘッドが思ったより左に落ちる

【原因】体重が左にかかりすぎている。ヘッドを上から入れすぎている。リリースが遅いなど

は、ダウンスイングにおけるアーリーリリースが疑われます。この直し方についてはP78で解説していきます。

逆にヘッドが狙ったところより左に落ちる場合は、左足に体重がかかりすぎていないか、ヘッドを上から入れすぎていないかをチェックしながら修正していきます。ちなみに、ヘッドが地面に刺さったり、ドスンと大きな音がするのはヘッドを上から入れすぎている証拠。地面（マット）を擦るときには、なるべく薄く擦るようにして、入射角度のゆるやかなスイングを目指してください。

正しい軌道を身につける素振りトレ④

スマホで素振りをチェックしよう

いい素振りを身につけるには、スマホやビデオを使ってスイングチェックをすることも大切。正面からの映像では、まず「腰の動き」をチェックしてみましょう。

アドレスからトップに向かって、腰は右に約45度回転します。このとき、右腰がアドレスのラインより右にはみ出したり、左に引けたりしないようにしてください。アドレス時の右腰のラインに沿って右腰が回転していくのが理想です。右サイドにわずかに重心移動をして適切な骨盤の回転が行われると、このような動きになるのです。

次に見てもらいたいのが「頭の動き」です。左右の動きでいえば、ウェッジではほぼゼロ（動いても頭3分の1個まで）を目指します。ドライバーなら頭半分まではOK。それ以上動く人は、動かさないように意識してください。「上下動」に関しては、球を打つ場合には少しくらいは構いませんが、素振りであればほぼゼロを目指します。

また、「ダウンスイングにおける左腕とクラブがつくる角度」も大切です。ハーフウェイダウン（手元が腰の高さに下りてきたポジション）でこの角度が90度以下であればOKですが、90度以上になっていたらそれはアーリーリリースの証拠。これはさまざまなミスの原因になるので、素振りでしっかり直しておく必要があります。

あとは、フィニッシュでバランスよく立てているかどうかもチェックしておきましょう。左足の真上に上体が乗っていて、その状態で3秒以上制止できれば合格。しっかり振っても微動だにしないフィニッシュを目指してください。

腰がアドレスのラインどおりに回転する

腰が右にはみ出す

腰が引ける

正しい軌道を身につける素振りトレ⑤

ダウンとフォローが同じ軌道を描いているか

次に、飛球線後方からのチェックポイントを見ていきます。基本的に、後方からの映像ではフェース向きとクラブの軌道をチェックしてください。フェースは、トップで約45～60度空を向いていればOK。ダウン（ヘッドが腰の高さに下りてきたとき）では、トウが真上を向いているか、前傾した背骨と平行であればOKです。

軌道のポイントは、ダウンの軌道とフォローの軌道を揃えること。ダウンの軌道とフォローの軌道が同じであれば、真っすぐに振れている証拠。それに対して、ダウンの軌道よりフォローの軌道が外を通っていたらインサイドアウト、ダウンの軌道よりフォローの軌道が内側を通っていたらアウトサイドインで振っている証拠です。

また、ダウンスイングでシャフトがどこを通っているかもチェックしておきましょう。プロの場合は、肩口より低い位置を通って下りてくるのですが、多くのアマチュアは、肩より上、首や右耳を通って下りてくる場合が多いのです。このデメリットと直し方についてはP66で詳しく説明することにします。

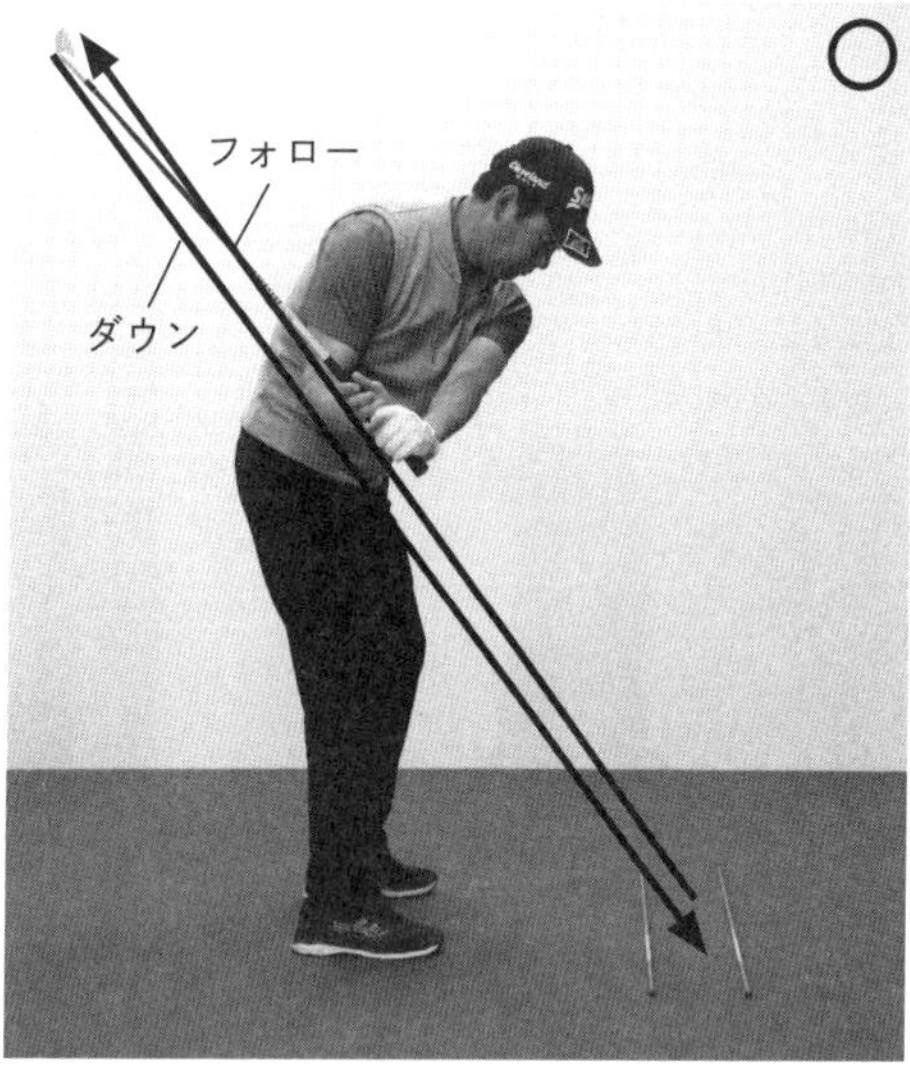

ダウンとフォローの軌道が同じ
→まっすぐ振れている

ダウンの軌道よりフォローの軌道が内
→アウトサイドイン

ダウンの軌道よりフォローの軌道が外
→インサイドアウト

正しい軌道を身につける素振りトレ⑥

前傾角度をキープしてスイングする

正しい軌道を実現するには、アドレスした前傾角度を保ってスイングすることが大切です。たとえ2本のスティックの間をまっすぐ振れるようになっても、インパクトで前傾角度が崩れているとインパクトゾーンが短くなるだけでなく、ライ角どおりにインパクトできないからです（球が曲がる原因になる）。この前傾角をキープする感覚を身につけるには、クラブを胸に当てた状態でシャドースイングするとよいでしょう。頭とお尻、ひざの位置を保ったままスイングすることで、前傾角度を変えない動きを体感するのです。

また、前傾角度を保ってスイングするには、インパクトで手元がアドレスの高さに戻ってくる必要があります。実際は、プロでもわずかにハンドアップするので完全には戻りませんが、同じ高さに戻す意識が必要です。手元がアドレスの高さに戻るとは、アドレス時の「左腕とクラブがつくる角度」（A）をインパクトで再現するということです。

多くのアマチュアの方は、球を打つときに体が起き上がり、前傾角度が崩れます。

これは、手元が浮き上がって「左腕とクラブがつくる角度」（A）が崩れてしまっているのです。動画をチェックしたとき頭が上下動している人は、前傾角度が崩れてしまっています。これを直すには、次項のドリルがオススメです。

前傾角度を保つには、アドレス時の「左腕とクラブがつくる手首の角度（約 120 度）」(A) を保ってインパクトすることが大切

頭とお尻、ひざの位置を保ったままシャドースイングする

正しい軌道を身につける素振りトレ⑦

正しいコッキング動作を身につけよう

インパクトで左腕とクラブがつくる角度が崩れてしまうという場合、バックスイングにおける手首のコッキング動作が正しい方向にセットできていないことが考えられます。

コッキング動作とは、手首を左手親指方向に折って、クラブを立てる動きのことです(剣道で竹刀を手前に振り上げるような動き)。バックスイングでこの手首のタテ方向の角度をつくれないと、どうしてもダウンで手首の角度がほどけやすくなります。そして、ほどけた瞬間に左腕とクラブがつくる角度が崩れ、体が起き上がってしまうのです。

この手首をタテ方向に折った状態でダウンスイングする感覚をつかむには、以下の練習をするといいでしょう。まず、①いつもどおりにアドレスしたら、②手元を動かさず、手首をタテ方向にコックして、90度の角度をつくります。あとは、③このときの手首の角度をキープしたままバックスイングして、そのまま素振りをするのです。いい軌道で振れるようになったら、同じ要領で球を打ってみましょう。

これは、私が指導している成田美寿々プロなどもよく行うドリルなのですが、アドレスの段階で手首の角度をセットしておくことで、ダウンスイングで手首の角度をキープする動作が身につきやすくなるのです。このドリルはアーリーリリースを矯正する場合にも有効なので、ぜひ実践してみてください。

コックをつくってから振るドリル

アドレスした状態から手元を動かさずにコックし、そのときの手首の角度を変えずにスイングする

正しい軌道を身につける素振りトレ⑧

シャフトが肩より下を通って下りるのが正解

ダウンからインパクトにかけて体が伸び上がって前傾角度が崩れてしまう場合、「スティープダウン」と呼ばれる切り返しの動きが原因であることがあります。

基本的に、プロの場合はダウンスイングでシャフトが右肩より低い位置を通って下りてきます（右肩口あたりが平均）。それに対して、アマチュアの方の場合は肩より高い位置、首や右耳のあたりから下りてくることが多い。私は「首切りショット」とか「耳切りショット」などと呼んでいますが、このようなスティープ（急角度）なダウンスイングになると、そのまま下ろしてきたのではカット軌道になってしまいます。

すると、人間の脳はそれを補正するために体を起き上がらせ、前傾角度を崩して、クラブをインサイドから入れようとするのです。このダウンスイング初期の動きを直さない限り、前傾角度が崩れる動きを直すことはできません。

これを矯正するには、ゴムホースのようなものを使って、連続で素振りをするといいで

ゴムホースドリル

トップとフォローで、ゴムホース部分が肩に当たるように振る

しょう（写真はゴムホース状の練習器具）。ポイントは、トップとフォローでゴムホースが肩のあたりに当たるようにすること。それより高いところに当たるのは動きが悪い証拠。首や顔に当たると少し痛いので、始めはゆっくり振ってください。ホースの当たり所でスイングの結果が感じ取れるので、矯正もしやすいはずです。

シャフトが肩より下を通る

シャフトが肩より上を通る

正しい軌道を身につける素振りトレ⑨

正しい素振りが最速の上達を約束する

さて、正しい軌道を身につけるためのポイントと練習方法は理解していただけましたでしょうか。①キレイな動き、②ターゲットラインに沿ったまっすぐな軌道、③前傾角度をキープした動き。この3つを実現することで正しい軌道は手に入ります。これらをしっかり身につけておくことが、今後の上達スピードに大きな影響を与えるので、しっかりマスターしておいてください。

ゴルフの楽しさは球を打つことにあります。しかし、球を打ちながらキレイなスイング、質のいい動きを身につけることは、非常に難しい作業だと言わざるを得ません。でも逆に言うと、球さえ打たなければ、いいスイングをすることはそれほど難しくないのです。

素振りは80％のパワーで振ることを基本にしますが、スピードを変えてみるのもいいでしょう。このとき、振り幅を変えるのではなく、フルスイングの振り幅でスピードを変えることがポイントです。はじめはゆっくり。徐々にスピードを上げていって、最高のスピードでも同じ動きができれば完璧です。最高のスピードというのは、リキんだいわゆる〝マン振り〟ではありません。コースで使える余裕のあるスピードです。そうした力とスピードの限界点を知ることは、ゴルフが上手くなるうえでとても大事なポイントになります。いろいろな力加減、スピードで素振りをすることで、それをつかんでください。

2本のスティックの間をまっすぐ振って、いつも同じ場所を擦れることが普通にできるようになってからボールを打つと、あたかも「自分にはすごい才能がある」と感じられるかもしれません。この手順を踏むことで、スイングづくりがものすごく簡単に思えるようになるのです。

正しい軌道を身につけるポイント

① キレイな動きといいリズムを身につける
② ターゲットラインに対してまっすぐ振れるようになる
③ アドレス時の前傾角度を保ったままインパクトを迎える

フェース向きを管理する①

インパクト時のフェース向きで球筋は決まる

正しい軌道を身につけたら、インパクト時のフェースの向きをコントロールすることが次のテーマになります。ストレートな軌道でスイングができているとしたら、スクエアなフェース向きでインパクトできれば、ボールをある程度は狙ったところに運ぶことができるからです。

ここで大切なのは、いま自分がどのようなフェース向きでインパクトしているかということ。この傾向がわからなければ、フェース向きを正しく修正することはできません。

近年、プロの世界においては弾道測定器（「トラックマン」など）を使用して、インパクトゾーンの軌道、入射角度、インパクト時のフェース向き、打点、スピン量、打ち出し角度などを測定、管理することが当たり前になってきました。

今後は、アマチュアのレッスンにもこうした測定器を使ったレッスンが浸透していくでしょう。しかし、弾道測定器がなくても、インパクト時のフェース向きを知る方法はあります。それは、球の打ち出し方向を見るのです。

近年の研究によって、ボールの打ち出しはインパクト時のフェース向きに最も影響される（ドライバーで約85％、7番アイアンで約75％）ことがわかりました。つまり、球が右に打ち出されればインパクトでフェースは右を向いており、左に打ち出されればフェースが左に向いているということなのです。

ただし、これはあくまで目標に対してまっすぐ立ち、おおよそストレートな軌道でスイングしていることが前提になります。軌道が極端なインサイドアウトやアウトサイドインだったりすると、それが打ち出し方向にも影響してきます。そのため、打ち出しを見ただけではフェース向きの正確な判断ができないのです。この場合はこれまでの「正しい軌道を身につける方法」をしっかり身につけてから、フェース向きのチェックを行う必要があります。

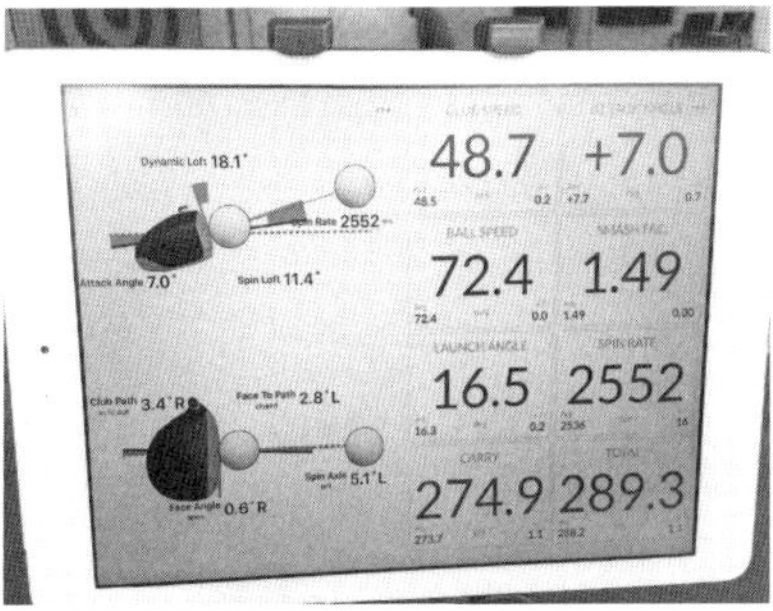

トラックマンの計測画面。インパクトのデータがひと目でわかる

フェース向きを管理する②

インパクト時のフェースの向きをチェックする

それでは、インパクト時のフェース向きをチェックしてみましょう。このとき大切なのは、ターゲットラインにまっすぐ立ち、ストレートな軌道でスイングすること。その状態でインパクトしたときの打ち出し方向を見て、フェース向きを知るのです。

チェックするときは、素振りの練習と同じように、飛球線と平行に2本のスティックを置き（スティックの間隔はヘッド2〜3個ぶんでOK）、スクエアに構えます。そして、ストレート軌道でスイングして、球がどちらに打ち出されるのかをチェックします。

このとき、球が右に出て右に曲がればフェースが右を向いている（開いている）、左に出て左に曲がればフェースが左を向いている（被っている）と判断できます。あくまでストレート軌道で、ある程度打点が安定していることが前提ですが、右に曲がる度合いが大きいほどフェースが開いており、左に曲がる度合いが大きいほどフェースが被っているので、これを調整する必要があります。

ボールが右に打ち出される

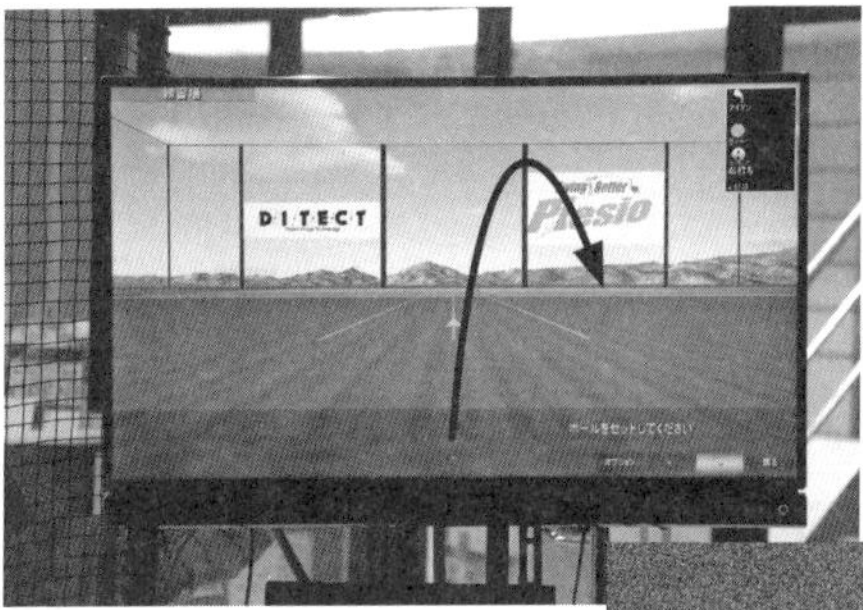

フェースが右を向いている
(開いている)

ボールが左に打ち出される

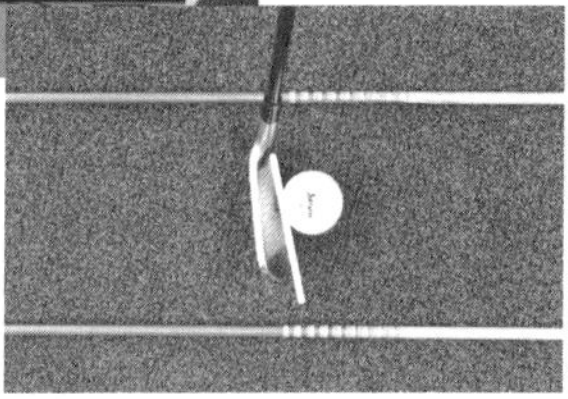

フェースが左を向いている
(被っている)

フェース向きを管理する③

グリップとアドレスでフェース向きを操作する

インパクト時のフェース向きがわかったら、これを調整します。短期的な対処法としては左手のグリップを調整する方法と、アドレス時のフェース向きを調整する方法があります。具体的に言うと、フェースが開いて当たっている人は、今よりフックグリップにする、もしくはフェースを被せて構えます。それに対して、フェースが被って当たっている人は、今よりウィークグリップにするか、フェースを開いて構えるのです。このように書くと、「たったそれだけ？」と思われる方も多いでしょう。しかし、私のところに習いに来るジュニアも、プロの卵たちも、基本的にはこれと同じ方法でスイングを調整しています。

第1章でもお話ししましたが、グリップもフェースも、スクエアにしなければいけない決まりはありません。スクエアフェースでインパクトできるのであれば、グリップやアドレスのフェース向きを自由にアレンジしていいのです。ストレート軌道でスイングできていて打点が安定していれば、フェースをコントロールすることは非常にやさしいです。

フェースが被る人

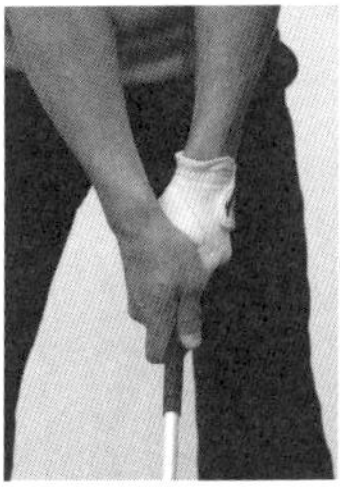

ウィークグリップにする。もしくは、フェースを開いて構える

少し開いて構える

スクエア

まっすぐ

フェースが開く人

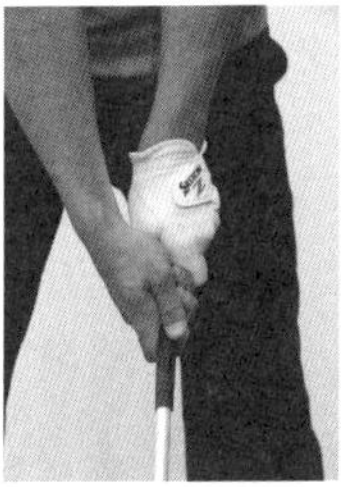

フックグリップにする。もしくは、フェースを被せて構える

少し閉じて構える

ただ、これはあくまで短期的な対処法です。アマチュアの方の場合は、どうしてもフェースが開く傾向が強いため、ここで紹介した方法ではスライスが直りきらなかったり、極端なフックグリップになってしまう危険があります。

この場合は中、長期的にフェースが開く動きを矯正する必要があるでしょう。これについては次項以降を参考にしてください。

フェース向きを管理する④

インパクトバッグを叩いてフェースが開く動きを直す

アマチュアゴルファーの場合、フェースが開いた状態で当ててしまう人が多いことは前述しました。野球経験者やスポーツ経験の少ない女性もこの傾向は強く、それゆえに多くのプレーヤーがスライスに悩んでいるわけです。

このような場合、極端なフックグリップにしないとスライスが直らなかったり、グリップやアドレスのフェース向きを直しても、動きにスライスの要素が残ることがあります。

このような人に効果的なのが、インパクトバッグを叩く練習です。

インパクトバッグというのは、バッグの中に布や砂を詰めて使う練習器具。これをゴルフクラブで叩くのですが、フェースがスクエアな状態で当たるのを見ながら行うのがポイントです。そうすることで、スクエアにインパクトする感覚を体感できるとともに、インパクトに対する集中力がつくられていくのです。

バッグを叩いたとき、はじめはフェースが右に向いて当たってしまう人が多いと思いますが、グリップやフェースの向きを調整しつつ、スクエアにインパクトする感覚をつかんでいきます。写真のようなインパクトバッグがない場合には、ヘッドをなにかに押しつけて、インパクトの形（アドレスより手元が10センチほど目標方向に出たハンドファーストの形）をつくるだけでも同様の効果が得られるので、ぜひ試してみてください。

この練習法はスライスが出やすい人だけでなく上級者にもオススメの練習法で、私が教えているプロたちにもよくやってもらっています。インパクトバッグを思い切り叩くことで最大のパワーでスイングしつつ、スクエアなインパクトでボールにエネルギーを伝える感覚を磨くのです。

インパクトバッグを打つ

スクエアなインパクトと、ボールにエネルギーを伝える感覚をつかむ

フェース向きを管理する⑤

ハンドファーストのインパクトでフェースの開きを矯正する

インパクトでフェースが開いてしまうことはアマチュアの方の最大の悩みですが、その大きな要因は手首のしなりが使えないことにあります。手首のしなりというのは、左手首を手のひら側に折る「ヒンジ」と呼ばれる動きのことです。

手首にムダな力を入れずにクラブを振れば、バックスイングから切り返しにかけて手首は自然にしなり、左手首が手のひら側に少し折れた状態で下りてくることになります。するとヘッドが手元より遅れた状態になるため、アドレス時に比べて約10センチ手元が前に出るハンドファーストの形（クラブヘッドに対して手元が先行した状態）でインパクトを迎えるわけです。

ハンドファーストのインパクトができると、ミート率がアップし、体のエネルギーをボールに伝えられます。非常に大きなポイントなのですが、多くのアマチュアの方はこの動きを苦手にしています。P57でお話ししたアーリーリリースになる人も、この動きができていません。ダウンで手元がリードしたとき、手首のしなり（ヒンジ）が使えないと、右腕が外旋方向に動きやすくなります。すると、その瞬間にフェースが開いてしまうのです。

手首のしなりを使えない人がフェースの開きを防ぐ方法として考えられるのは、左手をフックグリップにすることです。手首のしなりが使えないぶん、握り方を変えて手首がしなったときと同じ状態をつくり、フェースが開くことを抑えるのです。

ただ、もともとフックグリップだった人がさらにフックを強くすると、極端なグリップになってしまい、上達の妨げになる可能性があります。この場合は中、長期的に手首をしならせる感覚を覚え、フェースの開きを抑える訓練が必要になるでしょう。

アドレス

インパクト

インパクトでは、アドレス時より手元が約10センチ前に出たハンドファーストの状態になる。この形ができないと、フェースが開いてしまう

フェース向きを管理する⑥

軽い棒でモノを叩いて手首のスナップを覚えよう

正確に球をとらえたいと思うと、どうしても腕を固めて使いたくなる方が多いようです。しかし腕を固めた瞬間、動きにブレーキがかかるため、下半身のエネルギーを上半身、腕、クラブへと伝えることが難しくなります。それがスピードが落ちる原因になってしまう……。これこそが、手首のしなりが使えない最大の原因だと言えるでしょう。

手首のしなりが使えない人、アーリーリリースの人、ハンドファーストインパクトができない人は、腕をしなやかに、柔らかくしならせる感覚を知る必要があります。それをたとえて言えば、太鼓を叩くときのような感じでしょうか。

そこでやってもらいたいのが、軽い棒を使って、できるだけ速く、さまざまな方向から狙ったところを叩く練習です。棒を片手で持ったら、インパクトバッグなど（座布団でもクッションでもOK）を自分ができる最高のスピードで、50回ほど叩き続けるのです。右手だけでなく、左手でも同じ運動を繰り返します。

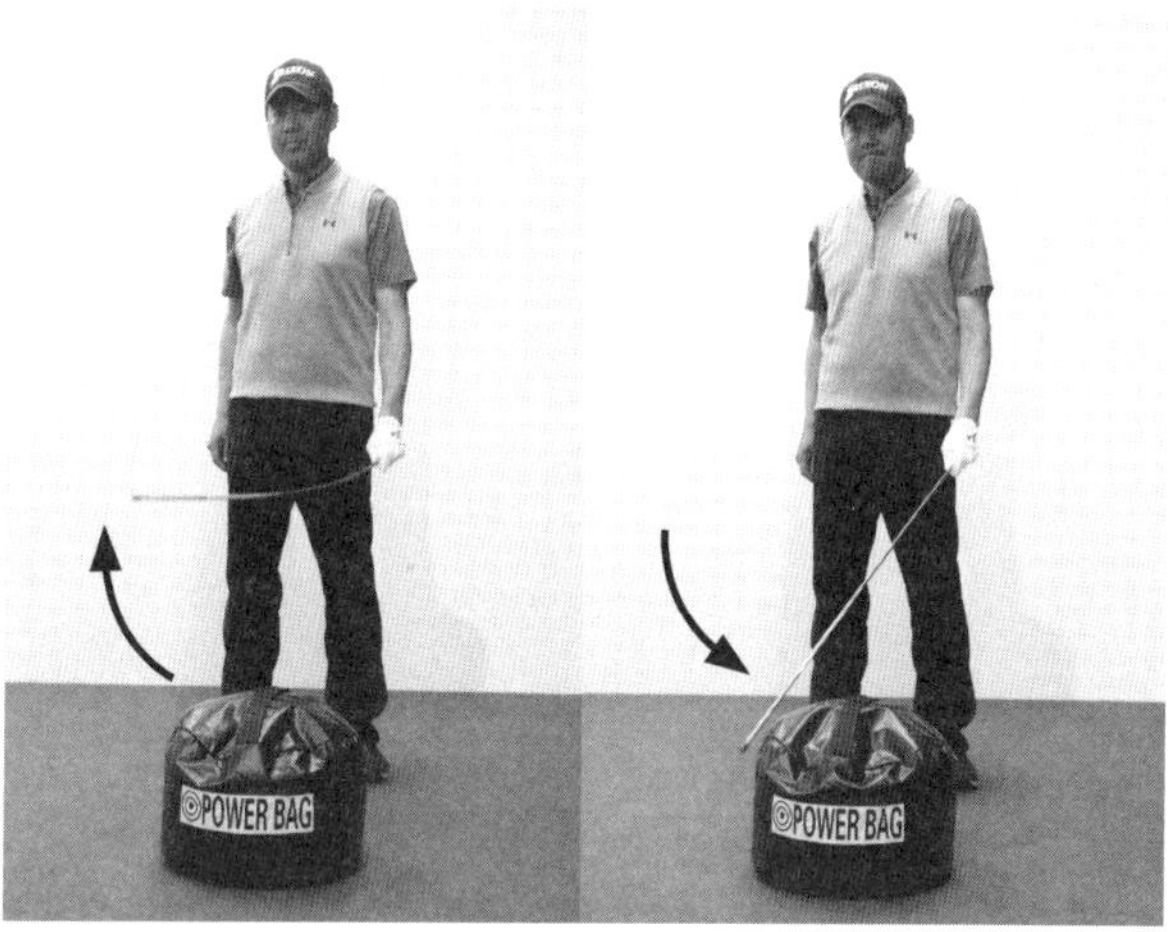

右手で50回、左手で50回。自分ができる最高のスピードで狙ったところを叩き続ける

軽いものを素早く動かそうとすると、自然に手首のスナップを利かせた動作、感覚が理解しやすくなります。さらに、それでモノを叩くことによって、タメとリリースの感覚が磨かれていくのです。

まずは、この運動で手首のスナップ、しなり、タメ、リリースが理解できたら、その感覚をスイングに取り入れていく。そうすることで、自然にヒンジの動きができるようになり、フェースが開く動きも抑えやすくなるでしょう。

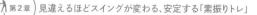

フェース向きを管理する⑦

〝ダウンのタメ〟が身につく紙鉄砲スイング

手首のしなりを覚えるには、折り紙でつくった「紙鉄砲」でスイングしてみるのもいいでしょう（紙鉄砲のつくり方はネットなどを参考に）。右手の親指と人差し指で紙鉄砲をつまんだら、インパクト付近でなるべく大きな音が鳴るように右手1本でスイングするのです。軽い紙鉄砲で大きな音を出そうと思ったら、手首のスナップを使わなければなりません。これを繰り返すことで、正しい手首の使い方が自然に理解できるわけです。

紙鉄砲をつまむ右手は、まさにゴルフのグリップそのもの。また、腕をしならせ、ひじを先行させながら前腕を回旋させる動きは、ゴルフスイングに直結しています。両手でク

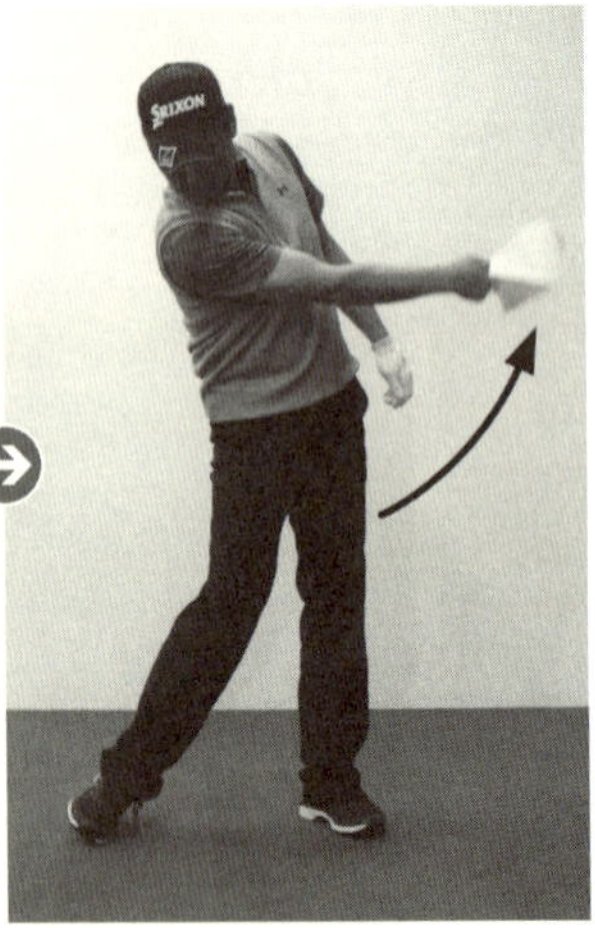

ラブを持ったときに同じ感覚でスイングできるようになれば、手首のしなりも使えるようになり、フェースの開きも抑えられるようになるでしょう。

紙鉄砲を振ることで、手首のスナップとタメの感覚が理解できる

フェース向きを管理する⑧

クラブをグルグル回せないうちはスライスが直らない

棒で叩く練習、紙鉄砲を鳴らす練習と同時にやってもらいたいのが、クラブを回す練習です。体の正面でクラブを立てて持ったら、手元を支点に（なるべく動かさないようにして）、自分から見て右回りでグルグルと連続で回転させるのです。このような練習をすることで自然と手首のしなりが使えるようになるだけでなく、自然なグリップやグリッププレッシャーも身についてきます。それを実際のスイングに応用できるようになれば、フェースコントロール力は確実にアップするでしょう。

アマチュアゴルファーのなかには、球を曲げたくないがゆえに手首を固めてロックしてしまう人が多くいます。「関節の動きがたくさん入ると、曲がってしまうのではないか……」。そう感じているのかもしれません。しかし、これが手首のしなりを阻害し、フェースが開く大きな要因となっていることは間違いないでしょう。

実際、スイング中のフェース向きを思うようにコントロールすることは、さまざまな関節と細かいパーツの筋肉を動員しなければできない作業です。それらを使えるか使えないかで、フェースコントロールの難度は変わってきます。

それができないのであれば、P74で紹介したとおり、フックグリップやクローズフェース（アドレス時にフェースを被せて構える）にして対応してもいいのですが、あまり極端なグリップや構えでは打てない球が出てきてしまいます。それは、自分の上達の頂点を低くすることに他なりません。90切り、さらにはシングル入りを目指すのであれば、いままでやっていなかった、できていなかった動きにも取り組んでもらいたいものです。

手首を柔らかく使って回すことで、いい動きが自然に身につく

フェース向きを管理する⑨

フェース面を思いどおりに操る力を身につけよう

ここまでは、インパクト時にフェースをスクエアにする基本的なショットについて解説してきました。しかし、ドローやフェードを打ち分ける、フェースローテーションを抑えてコントロールショットを打つなどのテクニックを身につけるには、フェース面を自在にコントロールする力が要求されます。そこで実践してもらいたいのが、フェース面のあるさまざまな道具を振るという練習法です。

私がよく使うのはグラウンドホッケーのスティックです。棒を両手で振り、フェースを目標方向に向ける。そういう意味で、グラウンドホッケーのスティックはゴルフクラブにとてもよく似ています。また、ゴルフクラブよりかなり重いため、軽く振ることができません。それを振ってからゴルフクラブを振ると、フェースローテーションを抑えてラインを出していく（方向性を出していく）ショット、コントロールショット、ハーフショットなどの感覚を磨くのにちょうどいいのです。

とはいえ、なかなかグラウンドホッケーのスティックを持っている人は少ないでしょう。それであれば、テニスのラケットで素振りをするといいでしょう。基本はトップとインパクトでフェースをスクエアにする（トップでは、左腕の面とフェース面が揃っていればスクエア）ことですが、ボールにフック回転、スライス回転をかけるように素振りをするのもいいでしょう。また、もし布団叩きで布団を叩く機会があったら、ゴルフスイングを意識して、体を回転させながら叩いてみてはいかがでしょう。夏になったらウチワで何かを叩いてみるのもいいと思います。そういう遊びのなかに、ゴルフが上手くなるヒントが隠されているのです。

テニスラケットで素振り

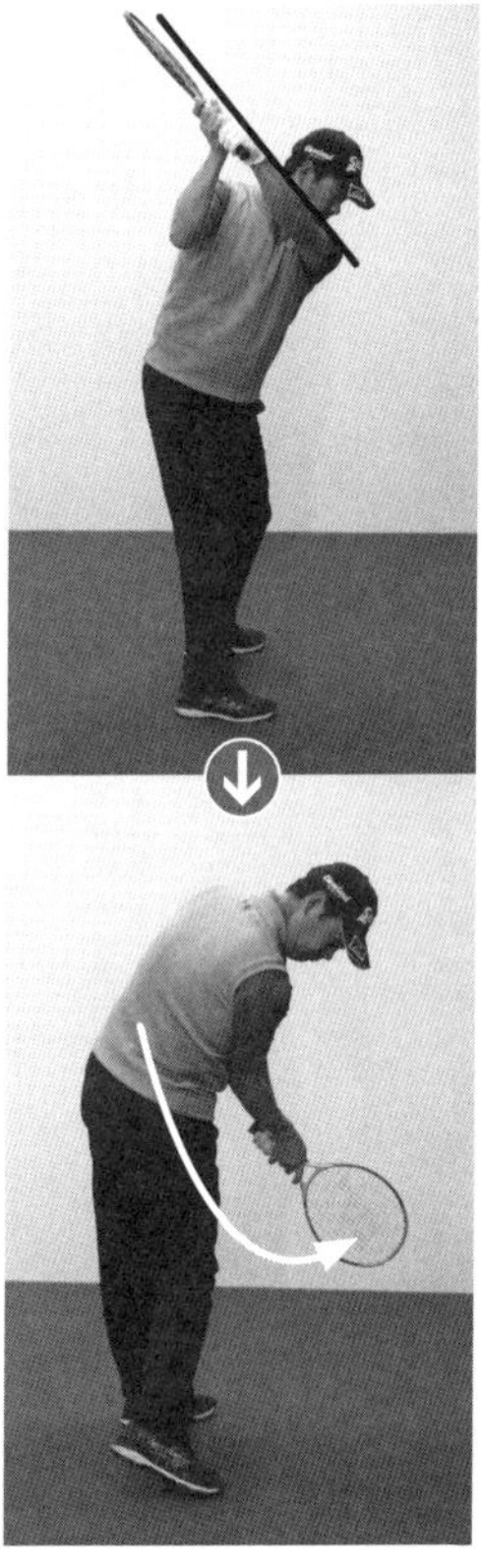

トップで左腕とラケットの面が平行になるのがスクエア。インパクトではラケットの面を目標に向ける

打点を安定させる①

いつも芯に当てることを目標に練習しよう

プロ、アマに限らず、漠然と「いいスイングをすれば芯に当たる」と考える人が多いようです。「芯に当たるか当たらないかはあくまで結果であり、芯に当たるのは天からのご褒美である……」。みなさんは、そんなふうに考えていないでしょうか？

もしそうなら、その考えをいますぐ改めてください。いいスイングをしたら芯に当たるのではなく、「芯に当てる努力をしてつくり上げたものがいいスイング」なのです。この順番を間違えると、ゴルフはなかなか上手くなりません。

そもそもアマチュアの方の場合、自分の打点を意識する人がとても少ないようです。「スライスするからまっすぐ打とう」「ダフるから上から打とう」と考える人はいても、「今日はココに当たっているな」「芯で打つために、もう少しヒール寄りに当てよう」などと考える人は、あまり見たことがありません。

もう一度言います。芯に当たるようになるためには、芯に当てる努力が必要になります。

その努力なしにいくら練習しても、本当の意味で打点を安定させることはできません。「打点というのはスイングした結果ではなく、自分で選択するものだ」。そういう意識がない限り、芯に当たるようにはならないのです。

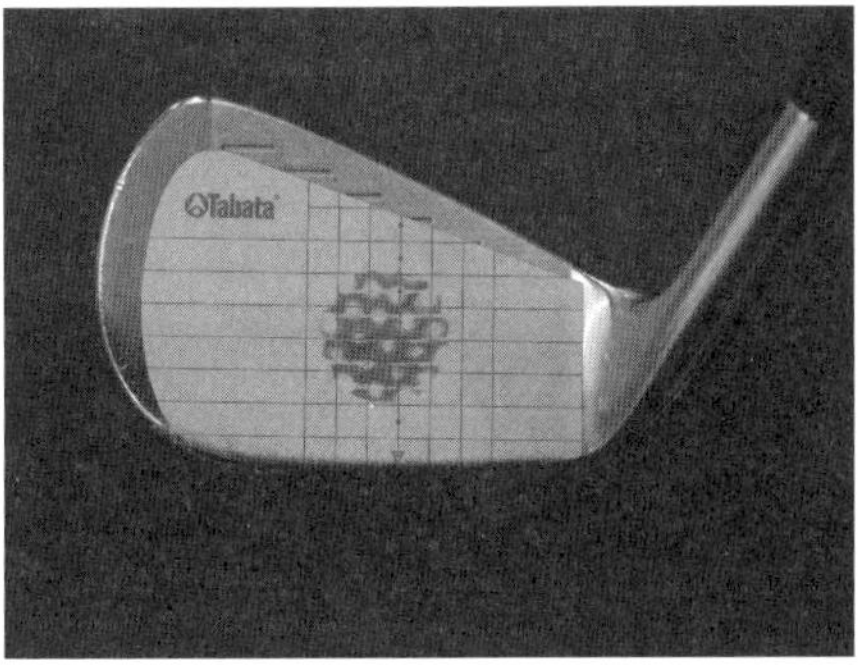

インパクトシールを使えば、打点の傾向が一目瞭然でわかる

そこで、まずやってもらいたいのが、フェースに貼って、打点をチェックするインパクトシールを使って自分の打点を知るという作業です。これでドライバー、フェアウェイウッド、ユーティリティ、ミドルアイアン、ショートアイアン、ウェッジ、それぞれの打点の傾向をチェックしてください。打点は番手によって変わる可能性があるので全番手をチェックする必要はありませんが、番手のエリアごとにチェックしておく必要があります。

上手くなるにはまず自分を知る。それが大切です。

打点を安定させる②

自分の当たりやすい場所を知る

インパクトシールを貼って番手ごとに5球ほど打ち、打点がどちらにズレやすいかをチェックしていくと、人によっていろいろな傾向があることがわかるはずです。トウ寄り、ヒール寄り、低め、高め――。そのズレの傾向がわかったら、あとはそれを芯に近づける練習をすればいいのです。

もしあなたの打点に傾向が見られない、つまり打点がフェース全面に散っているのであれば、その原因は2つ考えられます。ひとつは、正しい軌道で振れていないこと。この場合は本章の最初に戻り、正しい軌道で振れるようになるまで素振りを繰り返してください。

軌道はよいのに打点に傾向が見られないとしたら、その原因は〝考えすぎ〟にあります。「バックスイングはここから始動して、トップはココに上げて、ダウンではこう下ろそう」などと考えていると打点が大きくバラつき、傾向が見られなくなってしまうのです。

この場合は、「考えないで振る練習」が必要になります。たとえば、構えたらすぐに打つのもいいでしょうし、「1、2、3」と口ずさみながら（アドレスを1、トップを2、フィニッシュを3のリズムに合わせて）打つのもいいでしょう。

このように、「すぐ打つこと」「リズムに合わせて打つこと」を意識すると、今までの意識が薄れるので打点に傾向が表れるようになります。それどころか、これだけのことで、打点が安定し、調子が抜群によくなってしまうケースもあるので、心当たりがある人は、ぜひ試してみてください。

インパクトシールでチェックをするときは、あまり考えすぎずリズムよく打つ

打点を安定させる③

左右の打点のズレを修正する

打点の傾向がわかったら、それを芯に近づける練習をします。まずは、トウ&ヒールのズレ（左右のズレ）を修正する方法から見ていくことにしましょう。

ラウンド前に打点が狂っていることに気づき、短期的に打点を芯に近づけたいときの調整法でいちばん簡単なのは、「芯で打とう」と意識することです。トウ寄りに当たっていたら少しヒール寄り、ヒール寄りだったらちょっとトウ寄りで打とうと意識するだけ。調整力の高いプロなどは、基本的にこれだけで直します。

次に試したいのが、ボールと体の距離を変える方法です。ヒール寄りに当たるのであれば、ボールから少し離れて立つ。トウ寄りに当たるのであれば、ボールに少し近づいて立つのです。単純な方法ですが、効果が表れやすいので試してみる価値大です。

同じように、ボールに対してヘッドをセットする位置を変えてみるのもいいでしょう。

よく、「ボールはフェースの真ん中に置いて構えなければ」と思い込んでいる人がいます

ヒール寄りに当たる

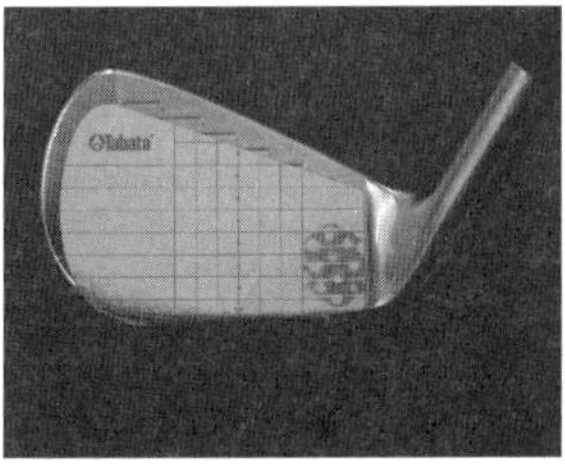

【対策】①真ん中に当てようとする②ボールから離れて立つ③ボールをトウ寄りに置いて構える

トウ寄りに当たる

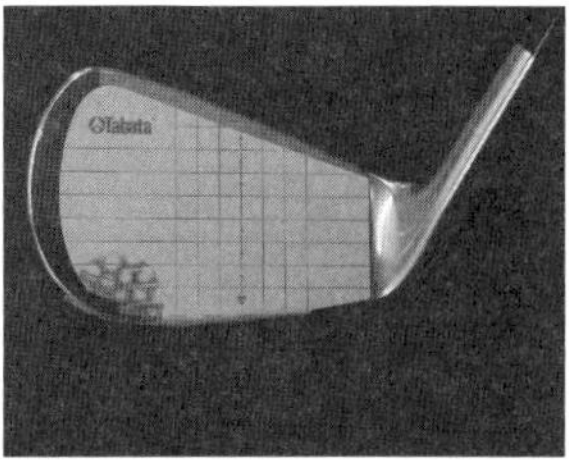

【対策】①真ん中に当てようとする②ボールに近づいて立つ③ボールをヒール寄りに置いて構える

が、ゴルフにそうしなければいけないというルールはありません。もちろん、それで芯に当たるのであれば問題ないのですが、当たらないのであれば、ボールをフェースのトウ寄り、もしくはヒール寄りに置くことを試してみるのもひとつの手です。

中、長期的に打点を芯に近づけたい場合には、P54に戻って地面（マット）を擦る位置が安定するまで素振りを繰り返す必要があります。擦る位置が安定すれば、球をそこに置けば確実に芯に当たるようになるからです。このとき、2本のスティックの間隔を狭くして素振りをするのもいいでしょう。仮に、2本のスティックの幅をヘッド1個ぶんまで狭めることができたら、その真ん中にボールを置くだけで芯に当たるはずです。

打点を安定させる④

わざと空振りすると芯に当てる能力が高まる

プロは多少打点がズレていても「芯で打とう」と思っただけで打てるようになります。これは、それだけプロの調整力が高いことを示しています。プロでも調子は日替わり。打点だって毎日わずかにズレてしまうものです。しかし、彼、彼女たちはそのちょっとしたズレを調整力の高さで修正してしまうのです。

みなさんにプロのような調整力を求めるのは難しいかもしれません。でも、調整力を高めることはできますし、その練習はとても大切です。その能力を磨くことで打点は確実に安定してきます。そこでやってもらいたいのが「わざと空振りする練習」です。

いつもと同じように構えたら、いつものようにスイングするのですが、ボールの向こう側や手前側をわざと空振りするのです。意図的に「構えたところを振らない」ことによって、自然に振る場所を調整する感覚が磨かれます。ボールの向こう側と手前を振ることで、自然に真ん中、つまり芯に当たる場所が浮き彫りになるのです。

また、この練習をすると自分はどこが振りやすいのか、どのポジションにボールを置くのが振りやすいのかも自然とわかってきます。同じように、わざと先っぽに当てたり、ネック寄りに当てたりする練習も効果的。そういうミスがわざとできるようになれば、真ん中（芯）に当てることもやさしくなってくるでしょう。

わざと空振りする練習

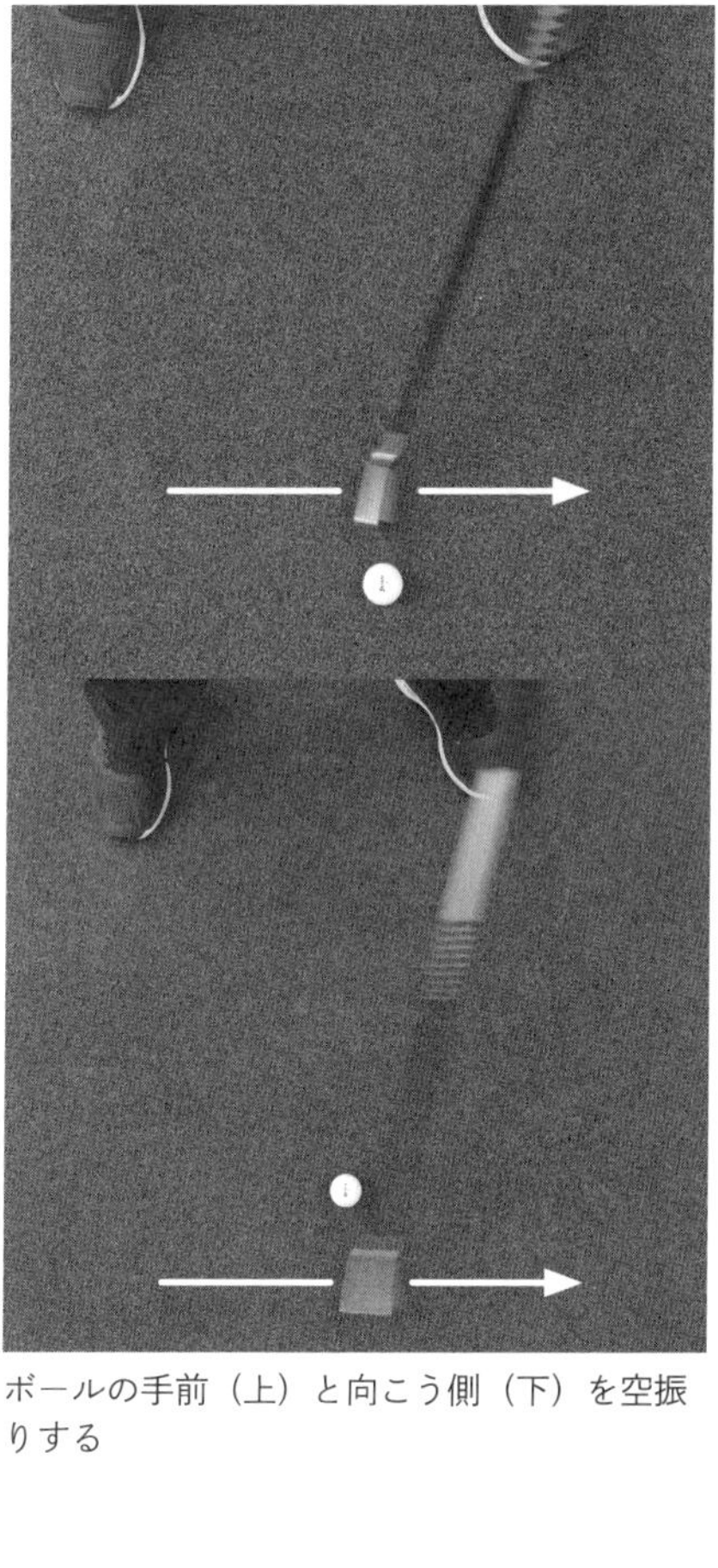

ボールの手前（上）と向こう側（下）を空振りする

打点を安定させる⑤

上下の打点のズレを修正する

次に、上下の打点のズレを修正する方法を見ていきましょう。まずはアイアンの場合、打点が上にズレるとダフリ、下にズレるとトップのミスになると考えられます。ただし、ダフリとトップで直し方を変えるのではなく、そのミスが出る原因によって、対応することが大切です。なぜなら、同じダフリやトップでも、アッパー軌道やすくい打ち（最下点がボールの手前にくる）の人と、ヘッドを上から入れている（最下点がボールの先にくる）人では、その直し方が大きく変わってくるからです。ですから、まずは自分がどちらのタイプなのかを自覚してください。

そして、最下点がボールの手前にくるタイプの人は、インパクト時に右足体重になっていないか、ボール位置が左に寄っていないかをチェックします。反対に最下点がボールの先にくるタイプの人は、インパクトで体重が左にかかりすぎていないか、ボール位置が右に寄っていないかをチェックしながら、上下のズレを修正していきます。

基本的に、打点が上下にズレる人は、自分と地面の距離、自分とボールの距離が安定していません。これは明らかに「素振り」が不足している証拠です。この場合は、すべての番手で同じ位置を薄く擦れるようになるまで素振りを繰り返します。それが、打点を安定させ、スコアをアップさせる早道だと言えるでしょう。

最下点がボールの手前にくる

①右足体重になっている
②ボール位置が左すぎる

最下点がボールの先にくる

①左足体重にが強すぎる
②ボール位置が右すぎる

打点を安定させる⑥

ドライバーの打点のズレを直す

ここではドライバーの打点のズレを調整する方法を見ていきます。まず、ボールが体に近いとヒール寄りに当たりやすくなり、テンプラが出やすくなります。逆に、ボールが体から遠いとトウ寄りに当たりやすく、トップが出やすくなるということを覚えておいてください。これらは、ボールと体の距離を変えることで調整します。

また、ヘッドが上から入っている人、体が左に突っ込んでいる人は、打点が上にズレやすく、アッパー軌道が強い人、あおり打ちをしている人です。体重が右に残りすぎている人は、打点が下にズレやすくなります。まずは自分のスイングをビデオに撮り、ここまでの動き、ポジションをチェックすることをオススメします。

それでも打点が安定しない場合には、素振りが足りないと考えてください。フェアウェイウッドからウェッジまで、狙ったところを薄く擦れるようになれば、自然に自分とボールとの距離が安定するとともに、入射角度の安定したスイングが実現できます。その状態でドライバーを振り、ゴムティを安定して打てるようになれば、打点が上下に大きくズレることはなくなるはずです。

14本のゴルフクラブは基本的にすべて長さが違います。するとSWでは芯に当たるけど、7番アイアン以上になると当たらないということが出てきます。実際、プロでも自分の使っているドライバーより長いものを使うと、最初はとんでもないミスをしたりします。

◎打点が上にズレやすい
↓ヘッドが上から入っている
↓体が左に突っ込んでいる

◎打点が下にズレやすい
↓ヘッドが下から入っている
↓体重が右に残りすぎている

　ですから、いい軌道で振れるようになったとしても、打点が安定しないうちはさまざまな番手で素振りをして、毎回同じ場所（地面やマット）を薄く擦る練習を続けてください。さまざまな長さのクラブで練習をすることが、打点を安定させる唯一の方法だと言えるでしょう。

打点を安定させる⑦

重いモノを振ってクラブを思いどおりに操る

打点を安定させるには調整力が必要です。では、どうしたらプロのようにクラブを軽々と自分の思いどおりに扱って、打点を調整することが可能になるのか。ポイントは、「クラブを軽く感じられるようになること」にあります。

重いものより、軽いもののほうが操作性は高くなります。同様に、同じ重さのものでもそれを重く感じる人より、軽く感じる人のほうが操作性は高くなるのです。たとえば、長くて重い竹ぼうきを非力な子どもが使いこなすのは難しいでしょうが、成人男性であればそれほど難しく感じないでしょう。子どもより成人男性のほうが体力があるため、竹ぼうきを「軽く感じられる」からです。

ゴルフも同じで、同じ重さのクラブでもそれを振る体力があって、軽く感じられる人のほうが操作性は高く、自分の思いどおりに扱うことができます。つまり、クラブを手足のように使って振るためには、ある程度クラブを振る体力が必要になるのです。

そこでやってもらいたいのが、重いものを振る練習です。私は、ジュニアやプロを指導するとき、トスバッティングをやらせたり、マスコットバットなどの重いバット（1kg程度）で素振りをさせたりします（アマチュアの場合は、重すぎるとケガにつながるので700〜800gがオススメ）。

これは、ゴルフクラブよりはるかに重いものを振ることで「振る体力」をつけるとともに、ゴルフクラブを軽く感じられるようにするためです。クラブが軽く感じられるようになれば、それだけクラブを思いどおりに扱えるようになるわけです。

プロの場合は、オモリをつけた1キロ以上のバットを使う

1日5分で構いません。右で30回、左で30回。重いものを振るクセをつけてください。そうすることで、あなたの調整力はアップし、打点が安定するだけでなく、実際のラウンドでもかなり有利に働くようになるでしょう。

第2章のまとめ

◎正しいスイングは「軌道→フェース向き→打点」の順で作る

◎素振りではマットをなるべく薄く擦ることを目標にする

◎ダウンとフォローが同じ軌道を描いているかをスマホでチェック

◎コッキング動作があるとダウンで手首の角度がほどけない

◎素振りは80％のパワーで振ることが基本になる

◎ボールの打ち出しはインパクト時のフェース向きに最も影響される

◎アドレス時より手元が約10センチ前に出るのが正しいインパクト

◎上下左右にズレる打点を調整することがスコアアップへの近道

第3章

スコアメイクのカギを握るアプローチ&パットを磨く

スコアメイクのカギを握るのがショートゲーム、つまりアプローチとパット。人より早く90切り、シングル入りを果たすには、この強化は不可欠だと言える。

アプローチとパットの練習がスコアアップへの最短コース

ゴルフが上手くなるには、質のいいスイングを身につけることが大事だと言いました。ただし、スイングがよくなることとスコアがよくなることは、決して同じ意味ではありません。スイングがよくなったからといって、すぐにスコアがよくなるとは限らないのです。スコアをアップさせるには、スイング以外の要素を学んでいく必要があります。その一つがショートゲーム、つまり、アプローチとパットの強化です。スコアをアップさせるには、この技術を磨くことが不可欠なのです。

まずは30ヤード以内のアプローチから。ここでは、①基本のピッチエンドラン、②それより低い球、③高い球の3つをSW1本で打ち分けられるようになることが目標です。

よく「アプローチはクラブを替えればいろいろな球を打てるのだから、打ち方は一つだけ覚えればいい」という人がいますが、私はその考え方に否定的です。なぜなら、アプローチの練習はアプローチのためだけにあるわけではないからです。

たとえば、低い球を練習すればライが悪いときのショットでヘッドを上から入れる感覚が磨かれますし、高い球はバンカーショットに直結します。さまざまなアプローチを練習することは、ショットの打ち分けや技術の向上に大きく貢献するのです。

正直に言えば、基本のピッチエンドランひとつでも90を切れる可能性はあるでしょう。しかし、さまざまな道具を扱えるプレーヤー、あらゆる運動を経験してきたプレーヤーは上手くなる可能性が高いように、ひとつの技術しか使えない人より、さまざまな打ち分けを経験し、身につけた人のほうが上達のスピードが速く、頂点が高くなります。

そういう意味でも、アマチュアの方たちもさまざまなアプローチテクニックを身につけておくべきだし、練習すべきだと私は考えているのです。

30ヤード以内のアプローチ

①基本のピッチエンドラン
②それより低いピッチエンドラン
③高い球のアプローチ

キャリーとランが「5：5」のピッチエンドランが基本

それでは、基本となるピッチエンドランから見ていきましょう。使用クラブやグリーンの状況にもよりますが、これはおおよそキャリーとランの比率が「5：5」になる球だと考えてください。この球は一般的なレッスン書にあるピッチエンドランに比べるとやや高めで、ランの少ない球だと言えます。

よく、アプローチでは「(ダフリを防ぐために) ボールを右足寄りに置いて打ちなさい」と指導されますが、これだと球が低くなり、キャリーとランの比率が「3：7」、もしくは「2：8」になってしまいます。すると、ボールをグリーン面に落としてピンのところに止められる状況が少なくなってしまうのです。もちろん、そういう低い球も必要ですが、5：5の球のほうがより多くの状況に対応できるので、これを基本にしたいのです。

このキャリーとランが5：5になるピッチエンドランは、下手投げでボールを投げるようなイメージで打つといいでしょう。手がクラブヘッドだとしたら、振った腕の速さと打ち出されるボールのスピードを一致させる感じです。

アプローチの距離感は振り幅で調整すると言われることが多いですが、30ヤード以内の小さな振り幅のなかで、それを微妙にコントロールすることは困難です。ですから、ピッチエンドランの距離感は、クラブスピードで調整するのがいいと私は考えています。

ターゲットが近いときはゆっくり振ってゆっくり飛ばし、遠いときは速く振って速く飛ばします。そのためには、下手投げでボールを投げるようなイメージでスイングし、振ったクラブの速さと打ち出されるボールのスピードを一致させることが大切なのです。

キャリーとランが5：5になるピッチエンドラン

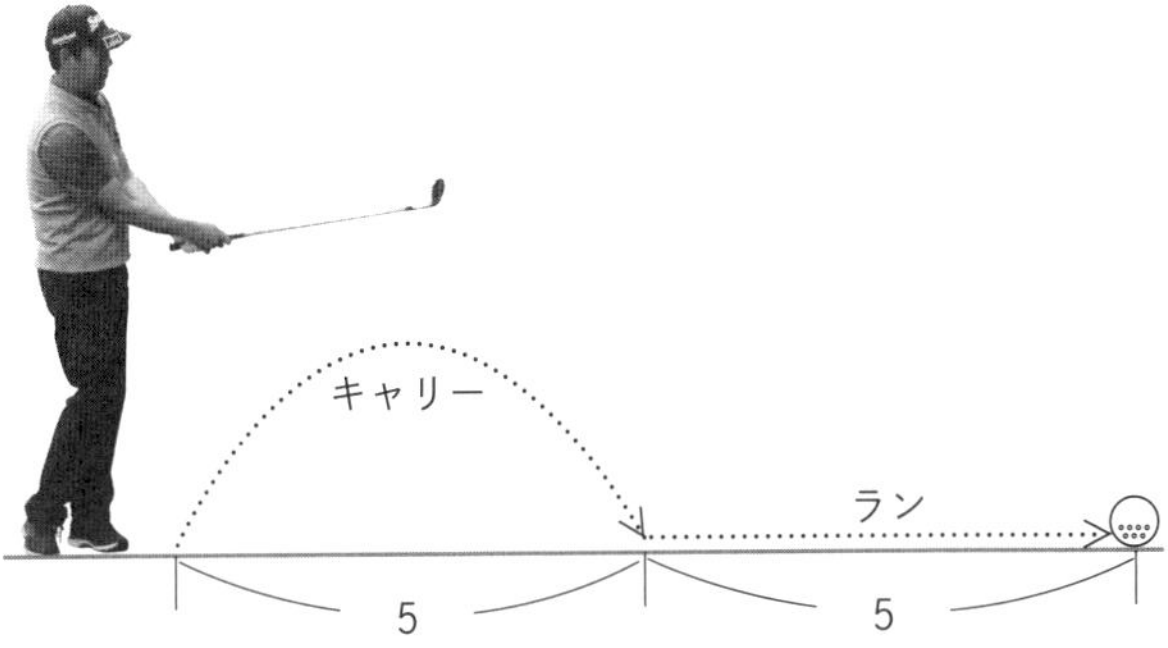

ピッチエンドランのアドレス

ボールに近づいてハンドアップに構える

ピッチエンドランのアドレスを見ていきましょう。①使用クラブはSW、②いつもよりボールに近づいて立ち、③通常よりハンドアップ（クラブを吊るようにして、手元を上げる）にしたら、④グリップはいつもより少しウィークに握ります。⑤スタンスは狭め、⑥体重は左右5：5か、わずかに左体重。⑦ボールは体の真ん中（鼻の真下）に置き、⑧手元が左太ももの内側に来るように腕を垂らして、わずかなハンドファーストに構えてください。これでアドレスは完成です。

飛ばす必要のないアプローチは、原則としてボールに近く立ち、小さく構えるイメージを持つことが大切です。基本のピッチエンドランであれば、フルショットに比べて5～10センチ程度近くに立つのが目安でしょう。ボールに近づいたぶん、両ひじに余裕を持たせ（少し曲げ）、ひじを軽く体につけた状態にしておいてください。

ハンドアップに構えるのは、手首をコックする動き（左親指側に折る動き）を抑え、手

ピッチエンドランのアドレス（正面）

ピッチエンドランのアドレス（後方）

いつもよりボールに近づいて立ち、通常よりもハンドアップにしたら、グリップはいつもより少しウィークに握る。ボール位置は体の真ん中が目安

首をヒンジさせる動き（左手首を手のひら側に折る動き）をしやすくする準備です。ハンドアップに構えると、自然にウィークグリップになることを感じ取ってください。

アプローチは左足体重で構えると言われますが、あまり左に体重をかけると球が低くなってしまうので要注意。アドレス時のフェース向きはスクエアで構いませんが、上級者の場合はダフリを防ぎ、球を拾いやすくするために、わずかにフェースを開いて構える人が多いようです。

ピッチエンドランのスイング

下手投げでトスするように横から払い打つ

前項の構えができたら、ボールを下手投げでトスするイメージでスイングします。テークバックはターゲットラインに対してまっすぐ上げ、フォローもまっすぐ出していきます。ゆるやかな入射角度で、ボールを横から払い打つような動きを目指してください。

ポイントは2つ。1つめは、バックスイングから切り返しにかけて、左手首がうっすらと手のひら側にしなるヒンジの動きを感じ取り、そのときにできた手首の角度（左手首が手のひら側に折れた角度）をキープしたままインパクトを迎えることです。

この動きによって、アドレス時より手元が10センチほど前に出た、ハンドファーストの状態でインパクトを迎えることができます。この動きがミート率の根幹であり、ボールをクリーンにとらえる最大のポイントになるのです。

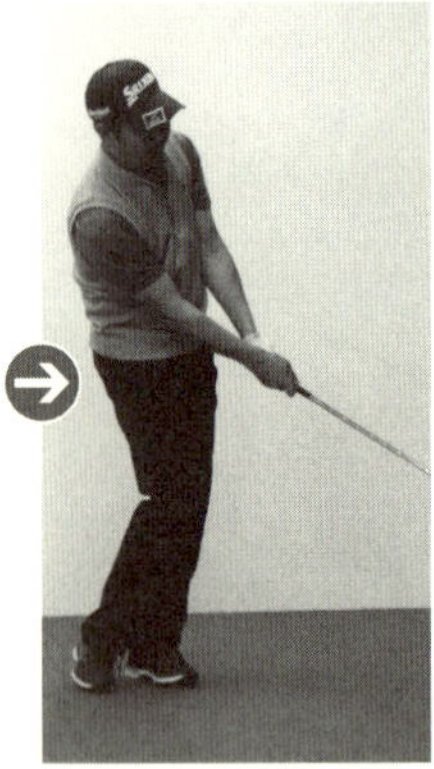

2つめのポイントは、ヘッドとボールのスピードを一致させること。ヘッドのスピードに対してボールのスピードが速いのは、ヘッドを上から入れすぎている証拠。遅い場合はヘッドがボールの下をくぐっているか、すくっている証拠です。ヘッドとボールのスピードが揃うと、球の高さも揃います。これができたら、残り距離に対するスピードのイメージが湧いてくるので、距離感が出しやすくなるのです。

下手投げでボールを投げるイメージで打ち、クラブとボールのスピードを揃える

低い球のアドレス

左足体重で球を右に置いて構える

次に低い球のアドレスです。①使用クラブはSW、②いつもよりボールに近づいて立ち、③通常よりハンドアップにしたら、④グリップはいつもより少しウィークに握って、⑤スタンスを狭めにします。ここまでは基本のピッチエンドランと同じです。

違うのは体重配分とボール位置。低い球を打つときは、⑥体重を左足にかけ、⑦低く打ちたいときほど、ボールを右に置くのです。基本のピッチエンドランより、アドレスにおけるハンドファーストの度合いは強くなります。それによってロフトが立った状態になり、球を低く打つ準備が完成します。

このように説明すると、「球をどのくらい右に置いたらいいんですか？」と聞かれることがあります。でも、それはひと言では答えられません。少し低く打ちたいのであれば、基本のピッチエンドランよりボール1〜2個ぶん右へ置くでしょうし、極端に低く打ちたいのであれば右耳の前にボールを置くこともあります。その度合いは無段階に変化するの

低い球のアドレス（正面）

低い球のアドレス（後方）

基本はピッチエンドランの構えと同じだが、体重を左足にかけ、低く打ちたいときほど、ボールを右に置く。ピッチエンドランよりも、ハンドファーストの度合いは強い

で、「ボール位置はココ」と断定することができないのです。

要は、自分がイメージした球の高さを実現できるポジションを、自分で選択する必要があるということです。これは、練習のなかでさまざまな位置にボールを置いて打ち、その球の高さとスピードを自分のなかにインプットしていくことで可能になります。

「ここに置けば、この高さになるな」というイメージが湧くまで、低い球の練習を繰り返してください。

低い球のスイング

ヘッドをボールにぶつけてフォローを抑える

では、低い球の打ち方を見ていきましょう。低い球と基本のピッチエンドランではアドレスに多くの共通点がありましたが、打ち方に関しても同じことが言えます。この2つのアプローチは技術的に近く、兄弟のようなものなのです。

テークバックから切り返しにかけて、左手首を手のひら側にわずかにしならせ、その手首の角度を保ったままインパクトを迎える。ここまではピッチエンドランも低い球も同じです。ただ低い球の場合は、ヘッドをボールにぶつけたらフォローを抑えるように打つのがポイント。ヘッドをぶつけたらおしまい、というイメージでしょうか。

低い球の場合、アドレスでヘッドが上から入る準備をしているため、ピッチエンドランのようなフォローが取れないのです。

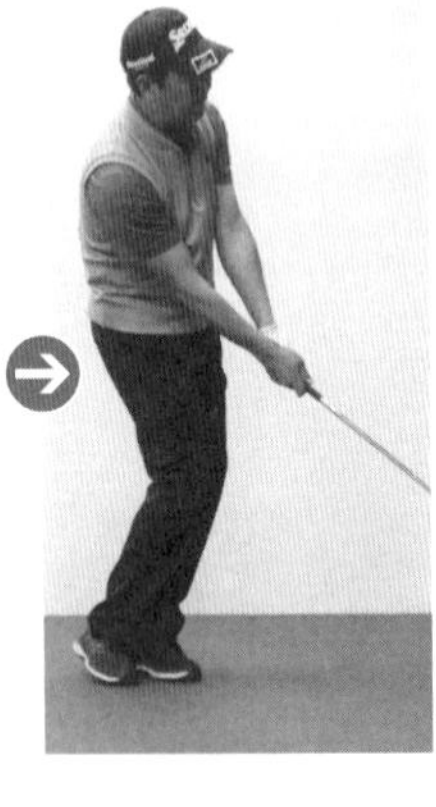

　ここで注意したいのが距離感の出し方の違いです。基本のピッチエンドランでは、ヘッドスピードのコントロールで距離感を出しましたが、低い球はインパクトの強さだけで距離をコントロールします。ヘッドをボールにぶつけたとき、どんなスピードで球が打ち出されるかという勘、いわゆる「当て勘」や「刺し勘」と呼ばれる感覚が必要です。

　これは、ピッチエンドランの距離感とは別の感覚なので、自分のイメージのなかにインプットする訓練が必要です。ボールにヘッドをぶつけたときのボールのスピードをイメージできるかどうか。低い球の距離感はここにかかっています。

SWのランニングと7番のランニングは別物

SWで低い球を打つというと、「そんなことをしなくても、7番か8番を使えば低い球なんて簡単に打てるじゃないか」と考える人がいるかもしれません。たしかに、7番アイアンでピッチエンドランの打ち方をすれば、低く飛び出す球を打つことができます。

ただし、この7番や8番を使った低い球とSWで打ったの低い球は、一見同じように見えても違う種類のものなのです。

前者は低く等速で打ち出されコロコロと転がる球になりますが、後者は低く飛び出してスピンでブレーキのかかる低弾道ハイスピンの球になります。前者は払い打ちで、後者はぶっつけ打ちなので、距離感のつくり方も少し違ってきます。同じ低い球（＝ランニングアプローチ）でも、打ち方と使用クラブによって、まったく違うものになるわけです。

この2つは、どちらが正しくて、どちらが間違っているというものではありません。基本的には、自分が得意なほうを使えばいいし、状況によって寄せやすいと判断したほうのテクニックを選択すればいいのです。

とはいえ、7番や8番のランニングさえできればいいという考え方には賛成できません。SWで低い球を打つ感覚、ぶっつけ打ちの感覚を持っておくことはとても大事だからです。たとえば、ライが悪いときのアプローチなどではこのぶっつけ打ちの感覚が必要になります。冬場、ディボット跡にボールが入ってしまったときや芝が薄くベアグラウンドに近いときなどは、ぶっつけ打ちで距離感を出していくことが要求されるのです。

砲台グリーンでピンが近く、土手に1、2クッションさせないと寄せられないときなどもそうです。もし7番を使って土手にぶつけてしまうと、球が前にすべってピンのところに止めることができません。その点、SWのハイスピンボールならワンバウンド目が上に跳ねてくれるので、ピンに寄せやすくなるのです。

このように、コースのなかで出合うさまざまな状況を乗り越えるためにも、多くの球を練習しておくことには大きな意義があることを理解してください。

高い球のアドレス

フェースを大きく開いてハンドダウンに構える

3つめのテクニック、高い球について説明しましょう。まず、この高い球はロブショットやバンカーショット（エクスプロージョンショット）を打つための技術で、ピッチエンドランや低い球とは、まったく別のものだということを理解してください。そのため、アドレスの入り方、つくり方もまったく違ったものになります。

まず、①フェースを開き、その状態でグリップします。②いつもよりボールから離れて立ったら、③ハンドダウンに構えてください。④スタンスは通常より広め、⑤両ひざを曲げ、重心を落として構えます。⑥ボール位置は打ちたい球の高さによっても変わりますが、基本のピッチエンドランより左に置くことが大切です。⑦フェースを開くほどオープンスタンスに構えてください。球を高く上げたいときほどフェースを開き、その状態でグリップを決めます。ハンドダウンにするのは、手首のコック（左手首を親指側に折る動き）を使って打つための準備です。ハンドアップに構えて、手首のヒンジ（左手の平側に折る動

高い球のアドレス（正面）

高い球のアドレス（後方）

フェースを開き、いつもよりボールから離れて立ったら、ハンドダウンに構える。スタンスは通常より広め。両ひざを曲げ、重心を落として構えよう

き）を使うピッチエンドランや低い球とは、ここがいちばんの違いです。

　フェースを開けば球は右に出るので、そのぶんスタンスを左に向ける必要があります。目安はフェースの3倍（フェースを5度開いたら15度左を向く）ですが、練習でボールが狙ったところに飛び出すスタンス向きを探ることが大切です。

高い球を打ちたいときほどフェースを開いてグリップする

高い球のスイング

ヘッドをボールの下にくぐらせるように振る

高い球の打ち方を見ていきましょう。アドレスが決まったら、①体の重心を安定させ、体重移動をゼロにしたままスイングする意識を持ちます。そして、②テークバックの動き始めから素早く手首をタテ方向（左手親指方向）にコッキングし、怖がらず③クラブヘッドをボールの下にくぐらせる（通過させる）イメージで振っていきましょう。

この球を打つときは、体を回したり重心を移動させたりする動きは必要ありません。最初は手打ちに感じるかもしれませんが、手首をコックさせる動きだけでクラブを上げていくイメージでOK。あとはだるま落としの要領で、ボールの下を振り抜きます。

この球は人工マットでは打てないという人もいますが、厚みのあるマットであれば十分に練習できます。練習場のマットが薄い場合は、いちばん低いゴムティにティアップして、ボールの下をくぐらせてティを打つといいでしょう。

この練習をするときは、球を上げることばかりに意識が行って、打ち出し方向を意識しない人が多いようです。しかし、ロブもバンカーも左右の方向性を出すことが難しいので、横のブレに対するこだわりを持つ必要があります。どのくらいフェースを開いたとき、どのくらい左を向けばいいのか。これをチェックしながら練習してください。

高い球のスイング（連続）

手首のコックを使ってバックスウィングしたら、
ヘッドをボールの下にくぐらせる

40〜70ヤードのポイント

30ヤード以上は「振り幅＋勘」で距離を打ち分ける

たとえばボールを投げるとき、短い距離であれば上手投げより下手投げのほうが狙ったところに寄せやすくなります。でも、距離が長くなると下手投げより上手投げのほうが寄せやすいはず。このように、運動の強さの違いによって合理的な運動は変化します。

アプローチも同じです。30ヤード以内であれば、手首のコックを使わない「下手投げ」のイメージのほうが寄せやすいですが、それ以上になるとコックを使った「上手投げ」のスイングでないと寄せられなくなります。

ゴルフの場合、30ヤードあたりが「下手投げ」の限界点で、そこを境に運動の形態が変わってきます。「上手投げ」の距離なのに、それを無理に「下手投げ」で寄せようとすると、力みを生んでミスをしやすくなるので要注意です。

また、残り距離によって距離感のつくり方も変わってきます。30ヤード以下の場合は振り幅が小さいため、振り幅で打ち分けることはできません。ですから、ピッチエンドランであればクラブのスピード、低い球であればインパクトの強さ、高い球であればスイングスピードで打ち分けるというように、「勘」に頼る部分が大きくなるわけです。

それに対して、40~70ヤードのアプローチは、「振り幅+勘」で距離感をつくります。

たとえば、「腰から腰までの振り幅だったら○ヤード」「肩から肩までの振り幅だったら○ヤード」という自分なりのガイダンスをつくっておき、それより少し遠い場合は「ちょっと強めに打とう」、近い場合は「弱めに打とう」というように「勘」で調整するのです。

30ヤード以内のアプローチはもちろんですが、40~70ヤードからの精度もスコアに大きく影響するので、次項ではこの距離の練習方法を見ていきます。

40~70ヤードのアプローチ
↓
「振り幅+勘」で距離感をつくる

40〜70ヤードの練習法

3〜5つの振り幅で何ヤード飛ぶのかをチェックする

40〜70ヤードのアプローチに強くなるには、「この振り幅なら、このくらい飛ぶ」という、自分なりのガイダンスをつくっておくことが大切です。ただ、いくら振り幅で打ち分けるといってもあまり細分化するのも難しいので、まずは3つくらいの振り幅から始めてみるといいでしょう。SWで「ひざからひざ」の振り幅、「腰から腰」の振り幅、「肩から肩」の振り幅で球を打ち、それぞれ何ヤード飛ぶのかをチェックするのです。

この「ひざからひざ」「腰から腰」「肩から肩」の振り幅は厳密なものではありません。自分の感覚で、「だいたいそのくらい」という程度でOK。あくまで、自分なりのガイダンスをつくるものですから、それより少し大きくても小さくても問題はないのです。

この3つの振り幅の距離がわかったら、あとは「勘」による微調整で、中途半端な距離に対応します。たとえば、「腰から腰」が40ヤードだとしたら、残り35ヤードは「腰から腰」の「ちょっと弱め」、残り45ヤードは「ちょっと強め」で打つわけです。

　3つの振り幅では物足りないという人は、「胸から胸」「耳から耳」の振り幅などもチェックし、5つくらいの振り幅を管理します。30ヤード以下は振り幅でコントロールするのは難しいと話しましたが、上のほうの（大きな）振り幅は管理しやすいものです。振り幅を増やすときは、体の上のほうを基準にした振り幅にしましょう。

ひざからひざ

腰から腰

肩から肩

アプローチの練習はとにかくたくさん球を打つ

さて、ここまでアプローチが上手くなるための方法を紹介してきました。しかし、実は、これを読んでマニュアルどおりのポジションや動きをチェックしながら、ゆっくり丁寧に球を打っているだけでは、アプローチは全然上手くなりません。

アプローチというのは、非常に「勘」が求められるショットです。アプローチが上手くなるということは、その「勘」が磨かれることに他ならないわけです。ところが、いくら練習しても、そのとき「頭」を使い、考えながら動いていると「勘」が磨かれません。つまり、上手くならないのです。

では、どうしたらアプローチの「勘」が磨かれるのか。それは、めちゃくちゃたくさん球を打つのです。私のジュニアスクールでは、最初の30分で30ヤード以内のアプローチを150球打たせることもあります。「ただ打て。とにかく打て」と。短時間にたくさん球を打てば、人は不必要なことを考えることがなくなるからです。

とはいえ、考えていないように見えて、ダフったりトップしたりすれば、人は無意識のうちに調整して打つもの。それを繰り返すことで、微調整する力や「勘」が鍛えられていくのです。これは、ゆっくり丁寧に打つことでは決して磨かれません。

もちろんマニュアルとしてのフォームは大事です。ただ、マニュアルにこだわっていると「勘」がまったく機能しません。だから、マニュアルを守る練習とたくさん打つ練習を交互にこなすようにしましょう。

打ち放題の時間がある練習場も多いと思います。それを利用し、ピッチエンドラン、低い球、高い球など、いろいろな打ち方でいろいろな距離を、遊び感覚でめちゃくちゃな数を打ってください。3球並べて、歩きながら連続で打つのもいいし、球拾いをするときのように、右手1本で適当にポコポコ打っているだけでもいいでしょう。片手打ちをするときは、トップしようが当たりが悪かろうが気にすることはありません。とにかくたくさん打つことが大切なのです。この練習は、これから上手くなろうという人だけでなく、アプローチに恐怖心のある人にもオススメ。アプローチの技術だけでなく、ショットの調整力もアップするので、ぜひみなさんに実践してほしいものです。

パッティング総論

パットは距離によって3つに分けられる

アプローチとともに、スコアメイクの要となるのがパッティングです。ところが、上達の遅い人ほどパッティングの練習をおろそかにする傾向があるようです。他のショットと違い、パッティングは球が曲がることもなければ、ダフることも、空振りすることもありません。それだけに軽く見てしまっているような気がします。

しかし、いままで練習をしてこなかった人ほど、練習の効果が表れやすいのがパッティングだとも言えます。パッティング練習の多くは家のなかでもできるし、その効果を実戦ですぐに感じることができる。ゴルフが上手くなりたいのであれば、いますぐにでもその訓練を開始してください。

基本的に、パッティングは「ショートパット（3m以内）」「ミドルパット（3〜10m）」「ロングパット（10m以上）」というように、距離によって3つに分けて考えます。まずは、自分はこの3つのうちのどこに弱点があるのかを再認識しましょう。

「ロングパットが寄らなくて3パットしてしまう」「ミドルパットのラインが読めない」「ショートパットを外してがっかりする」などなど。このうちの2つ以上、もしかすると3つすべて苦手だという人も多いと思います。その穴をひとつずつ埋めていくことで、パッティングのスキルが上がっていくのです。

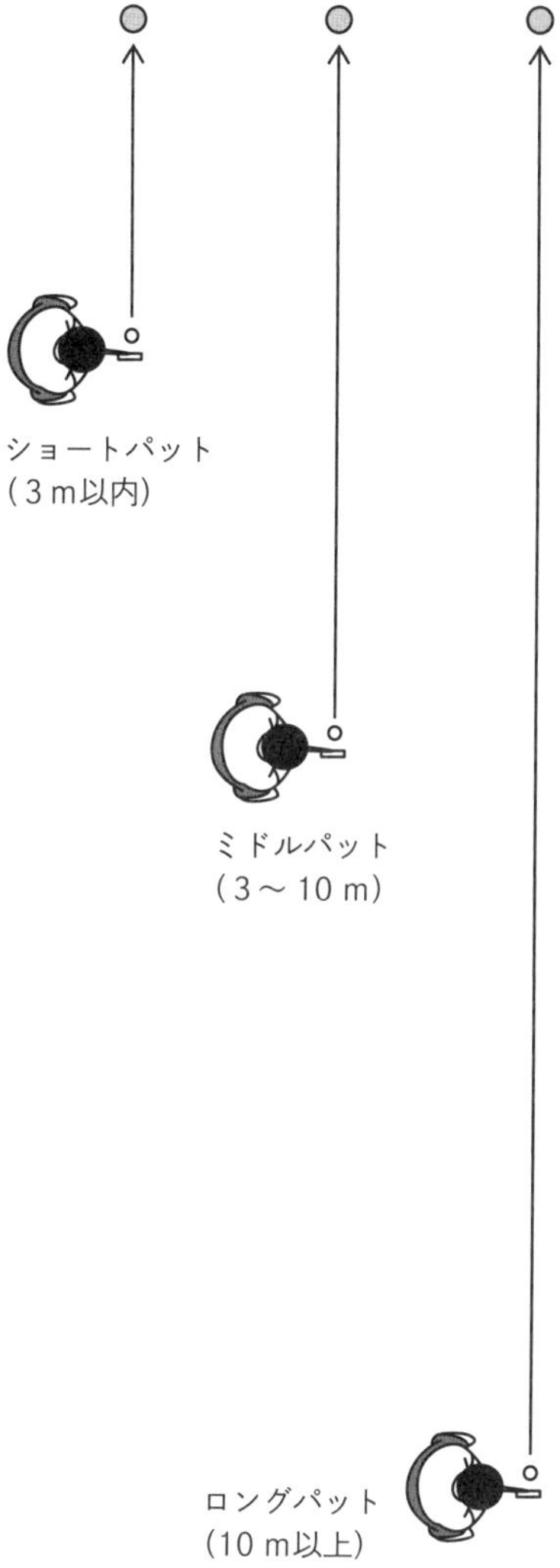

パッティングアドレス

「左ひじからクラブが一直線」が基本の構え

ショートパット、ミドルパット、ロングパット。それぞれの練習方法を紹介する前に、パッティングのアドレスとストロークについてお話ししておきましょう。

アドレスのチェックポイントは2つ。まず、①ボール位置は左目の真下が基準。それよりボール1～2個ぶん体から離れている、もしくは左にあるのはＯＫです。

しかし、左目の真下より体に近かったり右に寄っていたりすると、球の転がりが悪くなるので注意してください。もうひとつは、②左ひじからクラブまでが一直線であること。これは、手首を使わない準備です。パッティングの場合、スピードを出すことより方向性、反復性、距離感が求められるので、手首を使わない構えをする必要があります。

パッティングストロークには、フェースをスクエアにキープしたままストレートな軌道で打つ「ストレート型」と、バックスイングでわずかにフェースを開き、フォローで閉じながらゆるやかな円軌道で打つ「アーク型」があります。

これらは、どちらがよくてどちらが悪いというものではありません。インパクトゾーンだけを見るとこの2つの差はほんのわずかで、まっすぐ打とうとしたとき、結果的にそうなっているだけということも多いです。自分がやりやすい方を選べばいいでしょう。

アドレス（正面）

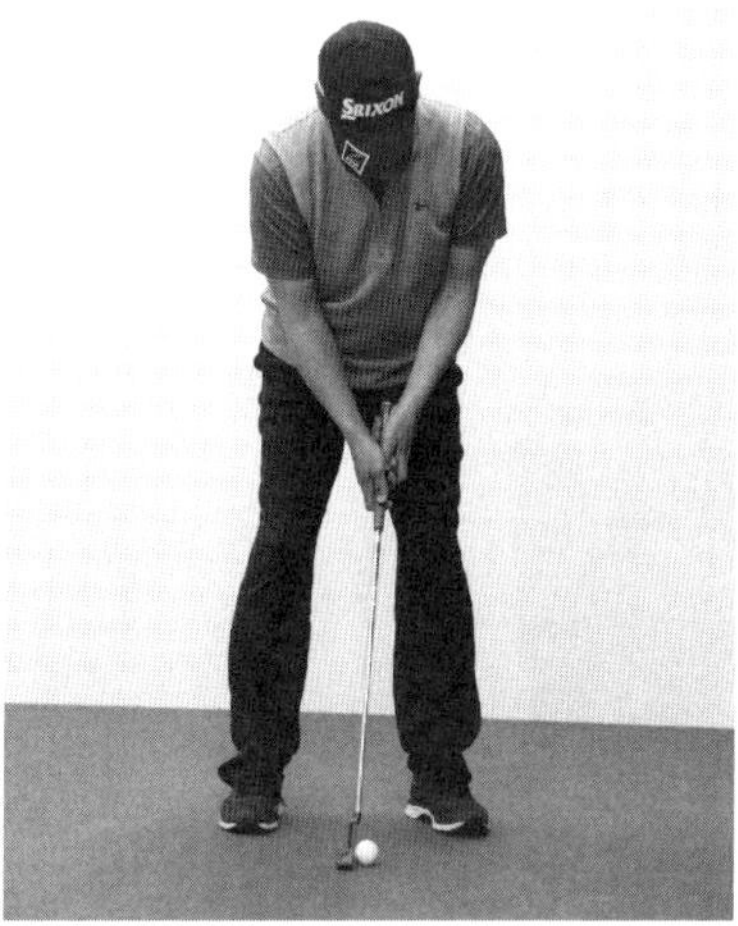

アドレス（後方）

パッティングストローク

バックスイングよりフォローが大きいストロークを目指す

パッティングストロークで意識してもらいたいのは、バックスイングよりフォローの大きなストロークをするということです。プロのパッティングストロークを分析すると、ほとんどの選手がバックスイングよりフォローが大きいことがわかります。「左右対称にストロークしている」と言っている選手でも、実際にビデオで撮影してみるとフォローのほうが大きいのです。目安はバックスイング1に対してフォローが2。これがパッティングストロークのベストな比率と言えるでしょう。

これは経験則的に生み出されてきたものだと考えられます。さまざまな研究によって、パッティングはダウンブローで打つより、わずかにアッパー軌道で打ったほうが球の転がりがよくなることがわかっているのですが、フォローの大きなストロークをすると、自然にアッパー軌道になりやすいのです。

ところがアマチュアゴルファーの多くは、これとは反対に、バックスイングに対してフォローが小さいストロークをする人が多いようです。これは、大きく上げて減速させながら距離を調整しているからなのですが、これだと方向性が悪くなり、距離感も安定しません。注意するようにしましょう。

パッティングが上手くなりたいのであれば、「バックスイング1：フォロー2のストロークでアッパー軌道」。これを覚えておいてください。

1：2のパッティングストローク

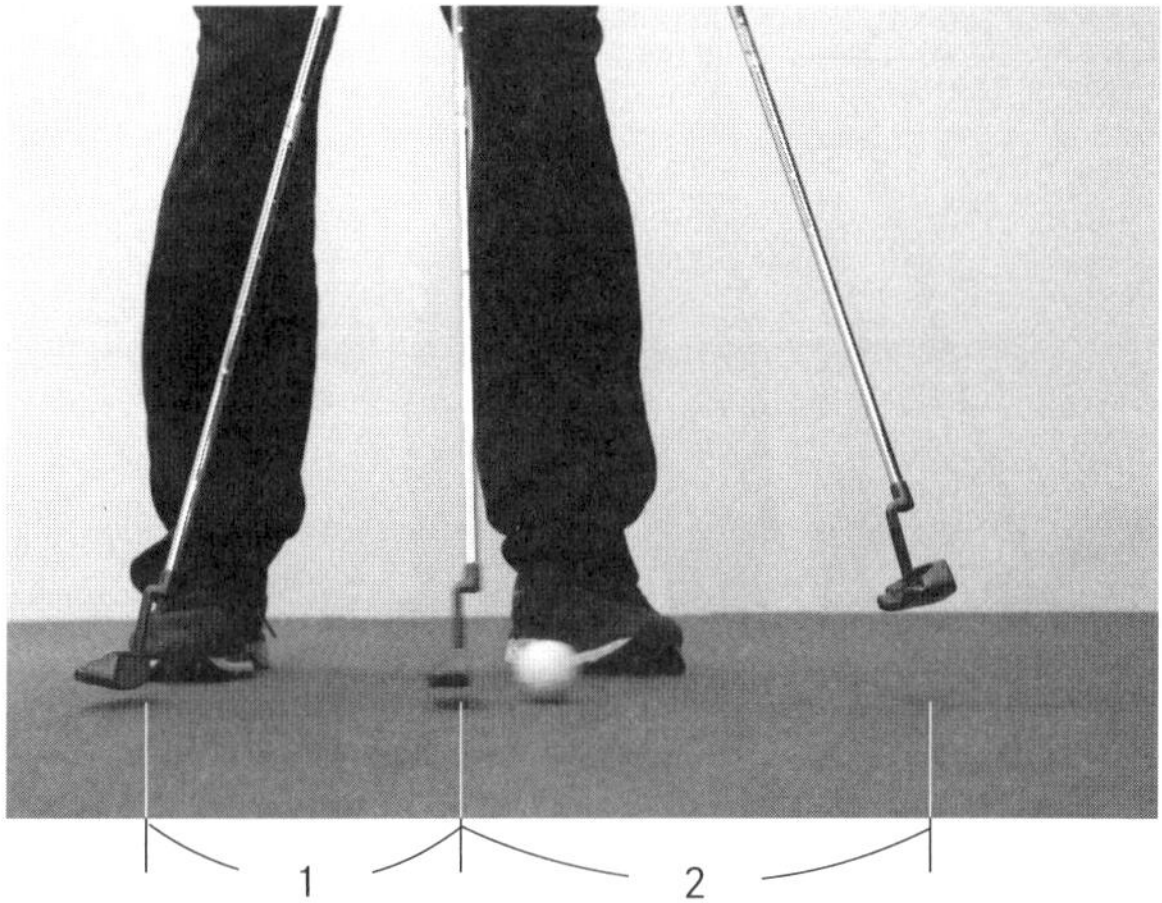

ショートパット①

狙ったラインにまっすぐ打ち出すことが絶対条件

ショートパットにおいてもっとも大切なのは方向性です。３ｍ以内のパットを沈める確率を上げるには、狙ったラインに対してボールをまっすぐ打ち出せるようになることが第一の目標となるでしょう。パッティングはヘッドスピードが遅いので、ボールの打ち出し方向はほぼインパクト時のフェース向きによって決定されます。ですから、ボールをラインにまっすぐ打ち出すには、ラインに対してスクエアなフェース向きでインパクトし、ボールを芯でとらえることが絶対条件になると考えてください。

練習方法としては、まず①フローリングの床などを利用して、フェースをラインに対してスクエアに合わせる感覚を磨きます。芯でボールをとらえるには、②写真のような練習器具（写真はＰＥＬＺ ＧＯＬＦの『putting clips』）を使うか、フェースの芯の左右にテープなどを貼って練習するといいでしょう。スクエアにインパクトしてまっすぐ打ち出す感覚を磨くには、③ボールを2個用意し、ボールにぶつける練習がオススメです。

①スクエアに合わせるドリル

フローリングの床のラインが直角に交わる部分を利用し、ラインに対してフェースをスクエアに合わせる感覚を磨く

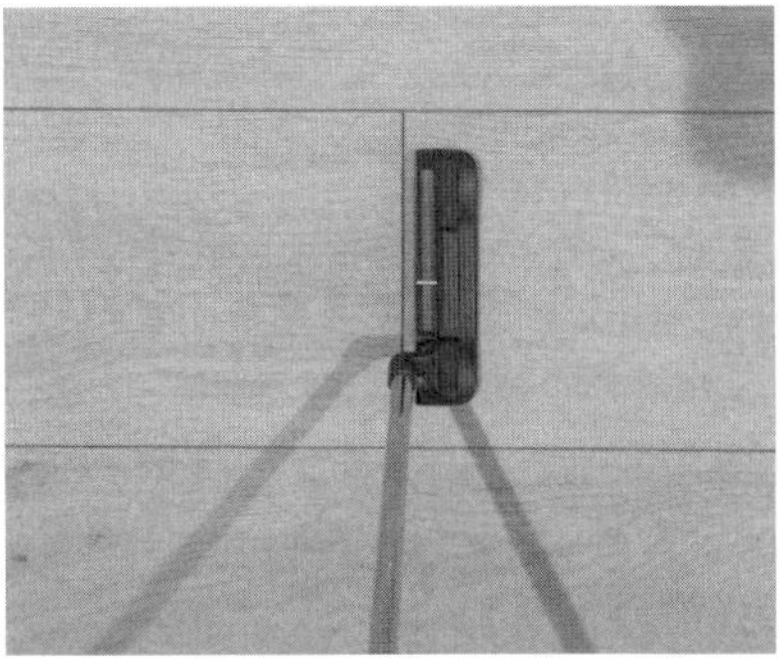

②芯で打つドリル

フェースの芯の左右にテープなどを貼った状態で練習する。芯で打てないとボールが上手く転がらないので、芯で打つ感覚が磨かれる

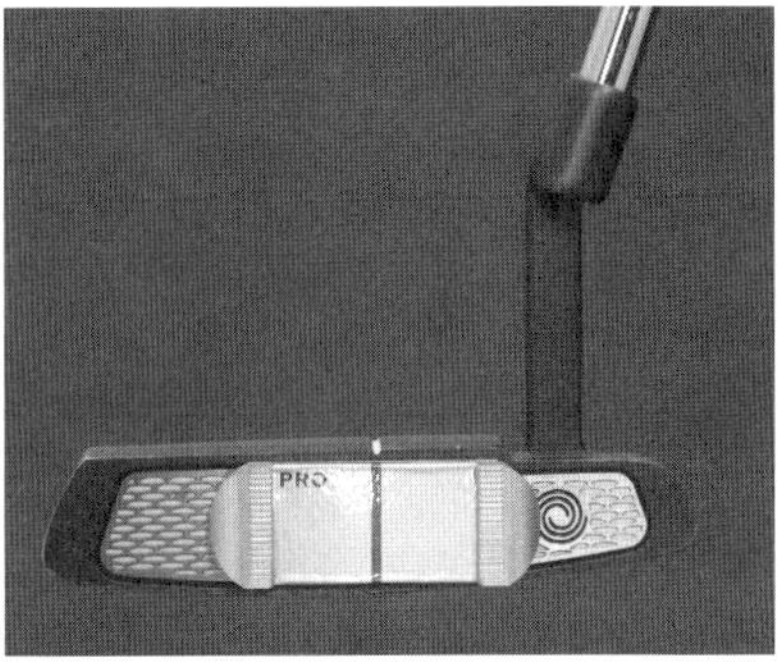

③スクエアにインパクトするドリル

ボールを2個用意し、1つのボールを、もう1つのボールにぶつける。ボールをぶつけられたら、スクエアなフェース向きでインパクトできた証拠

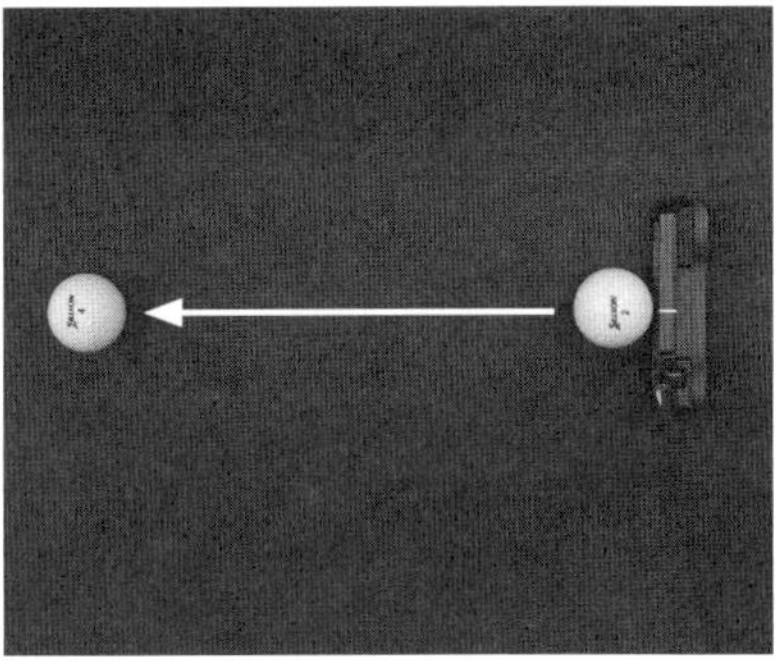

ショートパット②

ボールのラインがまっすぐ転がるようにする

ショートパットではまっすぐ打つことと共に、回転をよくすることも大切です。回転の悪い球はラインに乗りにくいため、カップを外してしまう原因になるからです。

ボールの回転をよくするには、ボールの赤道部分に線を引き、この線がまっすぐ見えたまま転がるように打ちます。

このとき、バックスイングとフォローが1：2になるストロークを意識することが大切。ストロークしたときに線がブレるのは転がりが悪い証拠です。この場合は、フェース向き、打点、軌道に問題があるので、それらをチェックしながら、ボールに描いた線がまっすぐ転がるストロークを目指してください。

ショートパットは自宅のパターマットでも練習できて、練習すればするだけ効果があります。同じ1～2mでも、カップの向こう側にぶつけて入れる、カップの手前から入れる、右フチから入れる、左ふちから入れるなどとアレンジすることで、上り、下り、フック、スライスの練習にもなります。
自分なりに工夫して精度を上げていきましょう。

回転をよくするドリル

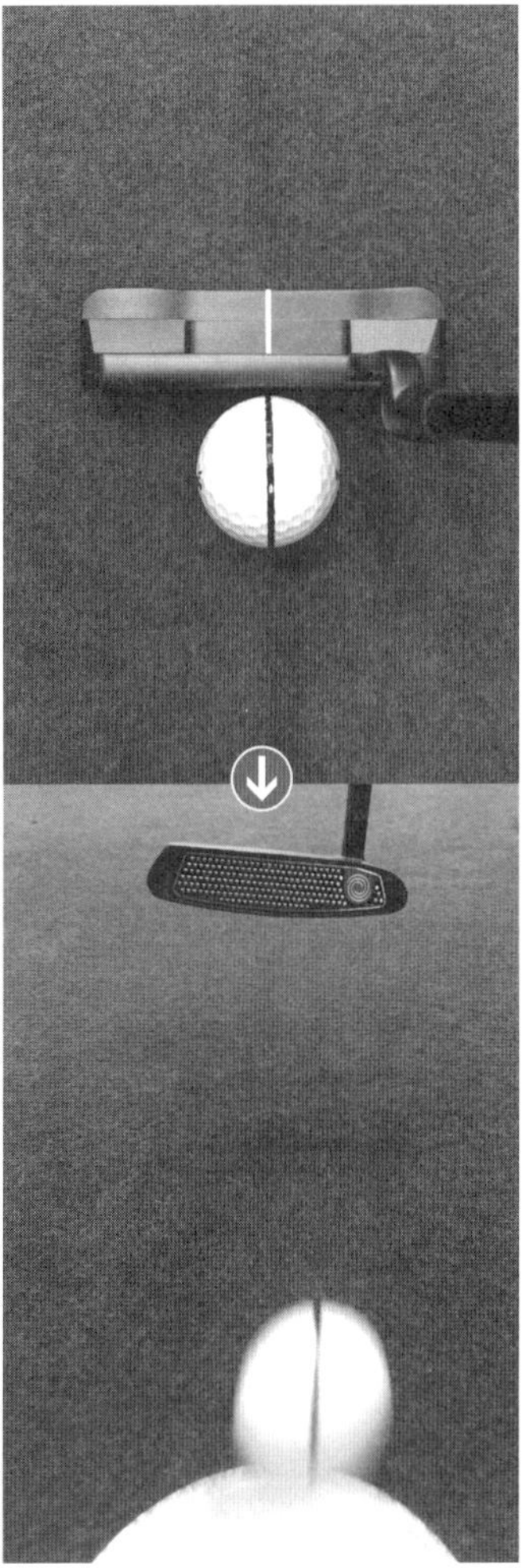

ボールの赤道部分にラインを入れ、ラインとフェースがスクエアになるように構えて打つ。このラインがブレないように転がすことができたら、いい回転で打てた証拠

ショートパット③

自分が苦手なラインを知り、それを練習する

コースのパッティング練習場などで、ショートパットの精度を上げるためにぜひやってもらいたいのがサークルドリルです。これは、カップのまわり2mの位置にボールを10～12個ほど丸く並べ、それをカップインさせるという練習です。

このドリルは、（プレッシャーに打ち克つため）すべてを連続で入れることを目的にすることが多いですが、それにはあまり意味がないと私は考えています。それより、このドリルを行うときは自分がどのラインを外しがちなのかをチェックしてほしいのです。

統計的に、（カップの下から見たときの）2時のライン（下りのスライス）と10時のライン（下りのフック）が、もっともカップインの確率が低いことがわかっています。しかし、プレーヤーによっては、「2時は確かに難しいけど、10時はそれほどでもない」とか、「フックラインはいいけど、スライスラインは苦手」という人がいます。また、「6時（まっすぐの上り）が意外と難しいんだ」という人もいるのです。

サークルドリル

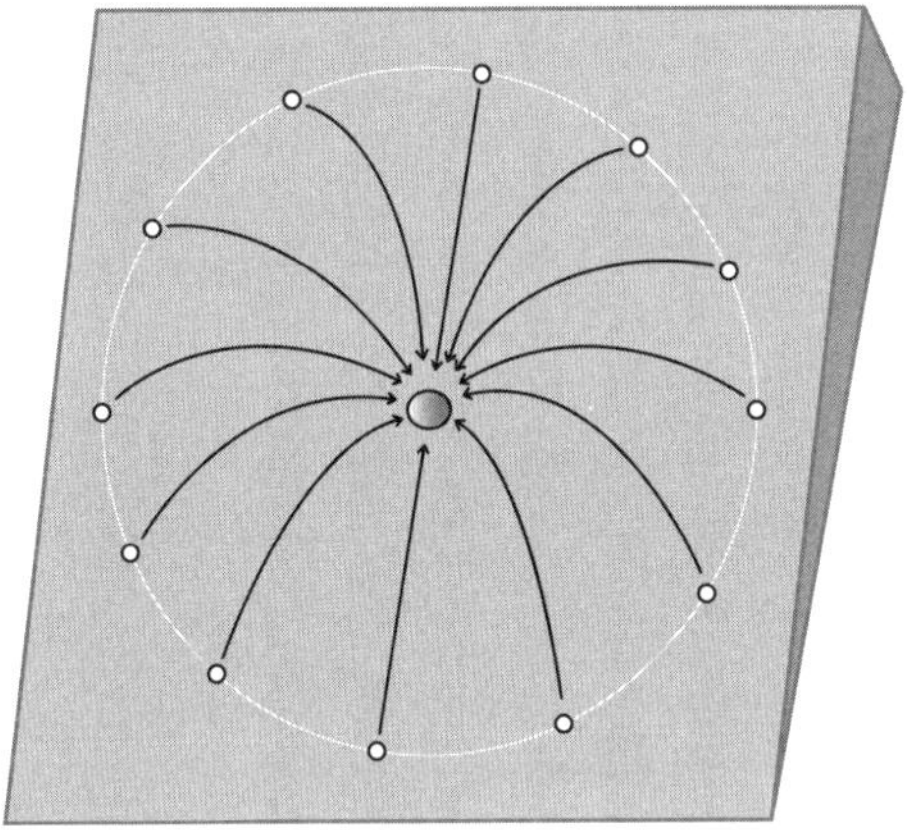

カップ周り2mの位置にボールを10〜12個並べて、それをカップインさせる。苦手と感じたラインは重点的に練習しよう

サークルドリルを数回行って自分が苦手なラインが判明したら、そのラインからカップインさせる練習を増やし、弱点を克服する。この練習は、そういう使い方をするのがいちばん効果的です。

第1章で、自分の弱点を知り、それを克服することが上達の早道だと言いましたが、自分の欠点を把握していなければ、10年経っても同じミスを繰り返すことになります。こういう作業をできる人とできない人では、数年後にスコアの大きな差となって表われてくるのです。

ミドルパット①

ミドルパットはタッチと方向性の両方を磨く

ショートパットは何より方向性が重視されますが、ミドルパット（3〜10ｍのパット）の場合には、距離感と方向性の両方が要求されます。ちょうどいいタッチでラインをイメージし、そのラインに思いどおりの強さで球を打ち出すことができるか。それによって、カップに寄る（入る）確率が変わってくるのです。

たとえば、同じ場所からカップを狙っても、強く打てばラインは薄くなる（曲がりが小さくなる）し、弱く打てばラインは厚くなります（曲がりが大きくなる）。ただし、強く打てば打つほど、ほんの少し方向性が狂っただけでカップに蹴られやすくなりますし、弱く打てば打つほど、風や芝の目などに影響されてカップに入らなくなるわけです。

では、どんなタッチで打つのが最もカップインの確率が高いのかというと、カップを約43センチオーバーする強さだと言われています。43センチというのは、パッティングコーチの第一人者であるデーブ・ペルツ氏の研究からはじき出された数字です。これについては、今後研究の余地はあるものの、私自身の経験やプロの選手たちの意見からも、ある程度信用性のある数字だと思われます。

つまり、ラインを読むときには、カップを43センチオーバーするタッチでラインを読み(43センチオーバーする強さで打ったときにどんなラインを描くのかをイメージし)、そのラインに対して、カップを43センチオーバーする強さで打ち出す。それが最もカップインの確率が高いということなのです。

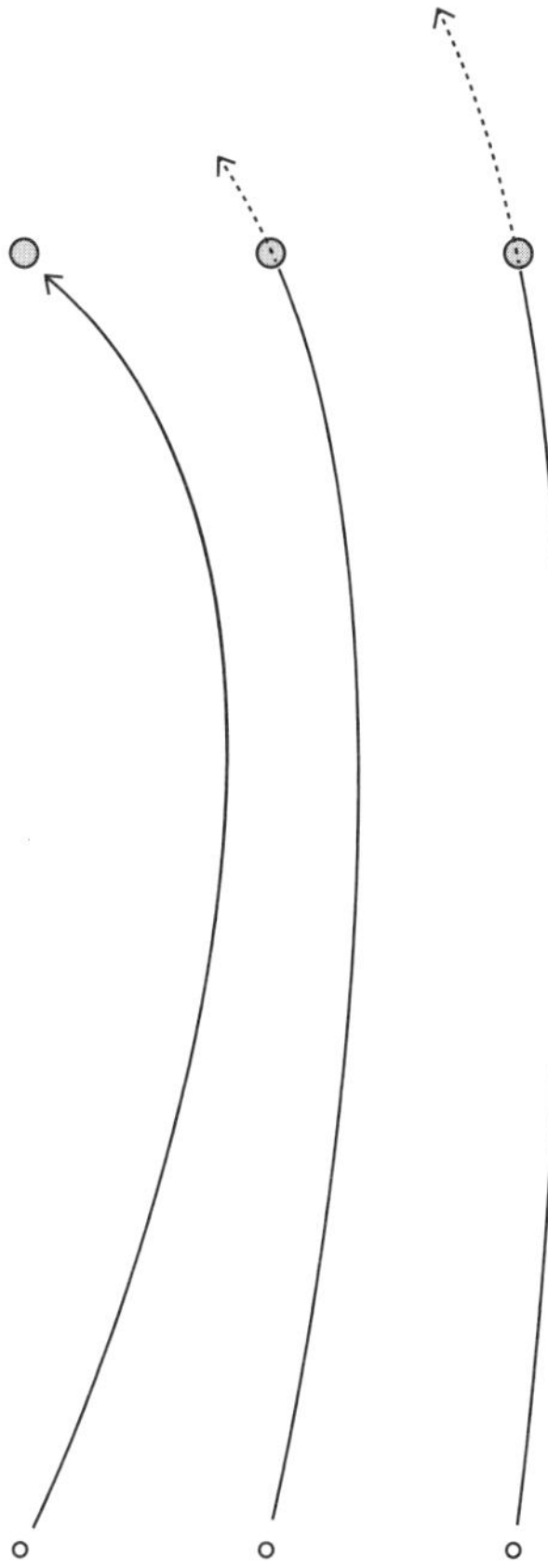

[右] タッチが強いほどラインは薄くなる(曲がりが小さくなる)
[中] カップを43センチオーバーする強さがいちばん入る
[左] タッチが弱いほどラインは厚くなる(曲がりが大きくなる)

ミドルパット②

カップから86センチ先までにボールを集める

そこでやってもらいたいのが、カップの向こう側86センチのところにティを差し、カップからティまでの間にボールを止めるという練習です。

たくさん打っていれば、ちょっと強めに打ってしまうこともあるでしょうし、弱めに打ってしまうこともあると思います。しかし、カップからティまでのエリアに止めようとすることで、平均43センチオーバーする「ちょうどいいタッチ」を覚えられるというわけです。また、このエリアを狙うことで、「ちょうどいいタッチ」で打ったときのラインをイメージする力も自然に養われます。

残り3～10mの上り、下り、フック、スライス。さまざまな距離とラインからこの練習を行うことで、ちょうどいいタッチで打つ感覚、タッチに対してラインをつくる感覚を磨いてください。

残念ながら、ミドルパットの精度を磨く練習はコースに行かなければできません。しかし、これを実践することで確実にラインを読む力もアップしますし、タッチも安定してくるので、ぜひ試してみてください。

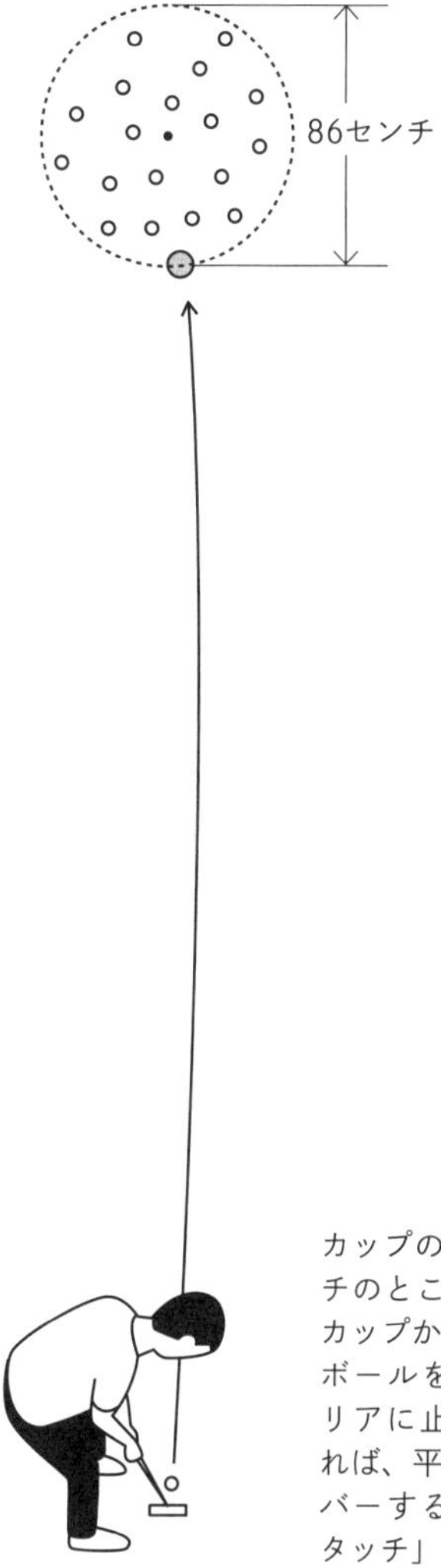

カップの向こう側86センチのところにティを差し、カップからティまでの間にボールを止める。このエリアに止めることができれば、平均43センチオーバーする「ちょうどいいタッチ」を覚えられる

ロングパット①

普段から「強く打つ練習」をしておく

ショートパットでは方向性、ミドルパットでは距離感と方向性の両立が最大のテーマでしたが、ロングパットでは何より距離感が優先されます。たとえば、10mのパットを左右に3m外すことは少ないでしょうが、3mショートすることはいくらでもあります。このタテのミスの幅を狭くすることが、ロングパット上達のカギを握っているのです。

アマチュアの方の場合、ロングパットをショートしてしまう人が多いようです。これは、なにより「強く打つ」経験が少ないためです。家のパターマットで打つ場合、長くても2〜3m。それ以上の距離を打つのはラウンドしたときだけになります。この経験の少なさが、ミスにつながるのです。

そこでやってもらいたいのが、部屋のなかで「強く打つ」練習です。たとえば、じゅうたんを敷いている部屋の壁にクッションや座布団をたてかけ、それに向かって普段打ち慣れていない強いタッチで球を打つのです。はじめは2〜3mを打つつもりでストロークし、

壁に向かって強く打つ

部屋で練習をするときには、壁にクッションや座布団をたてかけ、それに向かって打つといい

徐々にタッチを強くして、イメージのなかで10〜20mを打ってみましょう。ここで大事なのは、狙ったところに対してまっすぐ打つということ。座布団やクッションの模様を狙い、球がまっすぐ転がっているかどうかをチェックしてください。

このような練習をしておくと強く打つことに慣れてくるので、実戦のなかでロングパットを打つときにも、大きなミスがなくなってくるのです。

ロングパット②

上手い人の転がりを見るとタッチがよくなる

ロングパットが上手くなるためにやってもらいたいのは、「パットが上手い人の転がりを見る」ということです。上手い人とラウンドするときはもちろんですが、ラウンド前やラウンド後に練習グリーンでロングパットを打ってもらい、そのときのボールのスピードや転がりを自分のイメージに焼きつけるのです。

「そんなことが、なんの役に立つのか」と考える人がいるかもしれませんが、カップに対してピッタリに寄るボールのスピード、転がりがイメージできなければ、その球を打つことはできません。そのいいイメージをつくるには、いいものを見るのがいちばんなのです。

たとえば、ビリヤードやボウリングの経験者のなかには、パッティング上手やキラリとした才能を感じさせる人が多いようです。

これは、その人が「転がるボールを見た」経験が多いからなのです。これと同じように、パットの上手い人が打った球を見て、ピッタリのスピード、いい転がりを知ることはとても大切になります。

前項で紹介した「強く打つ」練習をするときにも、「どの強さで打ったら、ボールがどんなスピードになるのか」を、よく見ておくといいでしょう。その転がりを見た経験は、必ずあなたの距離感に活かされるはずです。

そして、残り距離に対するボールのスピード、転がりがイメージできるようになったら、それをイメージしながら素振りをします。それが、距離感をアップさせるポイント。ボールの横に立ってカップにピッタリ寄るスピードの球をイメージしたら、素振りをしながら、頭のなかでその球を打つのです。あとは、そのスピードを再現するつもりで実際のストロークをする。

そういう習慣をつけていけば、あなたのロングパットの距離感は少しずつよくなっていくでしょう。

第3章のまとめ

◎アプローチとパットの強化がスコアアップへの近道

◎まずはキャリーとランが「5：5」になるピッチエンドランを覚える

◎同じ低い球のアプローチでも7番とSWでは種類が違う

◎「ひざからひざ」「腰から腰」「肩から肩」の振り幅で打ち分ける

◎パッティングは「バックスイング1：フォロー2」の割合

◎平均43センチオーバーするのが「ちょうどいいタッチ」

第4章

コースで打たれ強いメンタルをつくる5カ条

いいスイングを身につけ、ショートゲームを磨いたら、実戦のなかでそれを生かす本番力をアップさせたい。スコアメイクをするうえで、覚えておくべき5カ条とは？

1打の価値はすべて同じではない

よく、「1打は1打」などと言われることがあります。280ヤードを越えるドライバーショットも、30センチのパットも同じ1打なのだから、同じように大切にしようという意味です。しかし、私は「1打の価値はすべてが同じではない」と考えています。

たとえば、パー5のティショットをフェアウェイど真ん中に運び、そこから得意な番手で残り100ヤード地点に刻むショットと、やさしいラインから3パットをしてショックを受けた後に打つティショット。この2つのショットを比べると、間違いなく後者のほうがミスをする確率が高いからです。

ゴルフは4時間以上にわたって戦う競技です。その流れのなかで、いくつも精神的に揺さぶられる状況に出合います。その心が揺さぶられた状態のまま次のプレーに入ると、深い落とし穴にはまる危険があるわけです。そしてゴルフには、より1打に集中してプレーに臨む必要性のある場面があります。つまり、1打の価値というのはすべてが同じではないのです。

では、より1打に集中すべき状況にはどんなものがあるのでしょう。たとえば、スタートの3ホールなどは大事な場面と言えます。ここが上手くいかないと、その後のプレーに焦りが出やすくなるからです。

プロの場合でいえば、最終日の最終ホールなども非常に重要。ここで大きなミスをすると、4日間積み上げてきたものを台無しにしてしまうだけでなく、次の試合にまで影響を残す恐れもあります。

アマチュアの場合で言えば、長いバーディパットを決めて、大はしゃぎをした後なども注意が必要です。注意力が散漫になりケアレスミスを起こしやすいからです。

このように、ゴルフでは結果がよくても悪くても心が動き、それがミスにつながりやすいゲームだと言えます。普段の仕事では冷静沈着で優秀なビジネスマンが、たったひとつのミスをきっかけに大きくスコアを崩してしまう――。それがゴルフなのです。

まずはそのことを再認識し、自分はどんなときに心が動いてしまうのかを知るとともに、その対応策を練る必要があるのです。

ラウンド中に動揺しがちな5つの状況

たとえば、前のホールのボギーを取り返そうとして無理にピンを狙い、絶対に入れてはいけないバンカーにつかまり、トリプルボギーを叩いたとします。これはミスを挽回しようとして起こったミスですが、問題はミスをする直前にあります。

アマチュアの方の場合、自分の心が動揺していることに気づかずに次のプレーに入ってしまうことが多いのです。そして、ミスをしてから、「あぁ、今のは無理だった」「もっと、心を落ち着けてから打てばよかった……」と後悔するわけですが、それではもう遅い。気持ちが揺れ動いたまま次のプレーに入れば、ミスをしやすくなるのは当たり前です。

これを避けるには、次のプレーに入る前に、「自分の心は揺さぶられている」ということを自覚し、できるだけフラットな気持ちで打てるよう、次の1打に集中する必要があります。もちろん、心が動揺していることを自覚できたとしても、それを完全に落ち着かせることは難しいかもしれません。しかし、落とし穴があるのを知っているのと知らないのでは、落とし穴に落ちる確率は大きく変わってきます。ですから、心の揺らぎを自覚することは、とても大切なことなのです。

そこで知っておくといいのが、プロの「スコアメイクの5カ条」です。プロの場合、ゲームの流れをつくるうえで、とても大事にしている5つのポイントがあるのです。

それは次の5つ。①スタートホールでボギーを打たない、②最終ホールでボギーを打たない、③パー5でボギーを打たない、④バーディのあとにボギーを打たない、⑤ボギーのあとにボギーを打たない、ということです。プロの場合、これができればアンダーパーで回れる可能性が高くなるのです。この5つは、心が揺さぶられる「落とし穴」の位置を示しています。そこではいつも以上に冷静に、できることだけをやる。そういう意識を持つことが大切なのです。

スコアメイクの5カ条

① スタートホールでボギーを打たない
② 最終ホールでボギーを打たない
③ パー5でボギーを打たない
④ バーディのあとにボギーを打たない
⑤ ボギーのあとにボギーを打たない

5つの状況ではいつもより冷静なプレーを心がける

前項では、プロの「スコアメイクの5カ条」を紹介しましたが、90切りを目標にするアマチュアであれば、これを1ストロークずつ増やして考えればいいでしょう。

つまり5つのシチュエーションでは、絶対にダブルボギーを打たないようにするのです。それができれば、安定して80台のスコアを出せるようになるはずです。さらにシングルを目指すのであれば、この5カ条を意識しつつ、いかにボギーの数を減らせるかがポイントになります。

注釈をつけるとすれば、アマチュアの方の場合、パー5ではなくパー3に置き換えて考えるといいでしょう。アマチュアにとって、パー3は1打でグリーンをとらえるチャンスのあるご褒美のホール。ここで大きなミスをしないことが、スコアメイクのカギを握るからです。また、最終ホールだけでなく、ハーフターンの9ホール目も大事にするとスコアはより安定してくるはずです。

たとえば、前のホールでダボを打って心がカッカしているとします。その状態のまま無理にピンを狙ったりすると、入れてはいけないバンカー、落としてはいけない谷に落としてスコアを崩してしまう。そこで冷静になり、「ここはバンカーや谷を避けて、安全なサイドに打っていこう」と考えられるかどうか。それが大切です。

どんな状況でも決断するのは自分です。でもこの5つのシチュエーションでは、心の揺れが決断を曇らせてしまいます。5つの状況ではいつもより冷静に、心に波風を立てないようにして自分ができることを実行する。その習慣がスコアメイクにつながるのです。

90切りの5カ条

① スタートホールでダボを打たない
② 9番と18番でダボを打たない
③ パー3でダボを打たない
④ パーやバーディのあとにダボを打たない
⑤ ダボのあとにダボを打たない

積極的すぎても消極的すぎてもいけない

自分のできることとできないことの線引きは、スコアアップするための非常に重要なポイントになります。

基本的にスコアがコンスタントにいい人、上手い人ほどできることが多く、できることだけをやろうとします。逆に、スコアが安定しない人、下手な人ほど、できることが少ないのにできないことをしようとする。上手い人ができるからといって、自分ができるとは限りません。自分の実力を知り、自分ができることとできないことをしっかり把握しておくことが大切なのです。

たとえば、前のホールのミスを取り戻そうとして無理をする。前のホールで上手くいったからと鼻息が荒くなって、無茶をして叩く。そういうタイプの人は、積極的になりすぎて、自分ができないことをしようとする傾向があります。その場合は、5つのシチュエーションでは冷静に、自分ができることに徹するよう心がけてみましょう。

逆に、プレーに消極的になりすぎる人も意外に多いようです。しかし、流れがきているのに安全策を取りすぎると、いいスコアを出すチャンスを逃してしまうので注意してください。たとえば、いいスコアが続くと、「次はミスするんじゃないか」と考えたり、「バーディの後は必ずミスをするんだ」などと、ミスをする前から宣言するような人は、消極的になりやすいタイプといえます。

こういう人の場合は、「スタートホールと最終ホールはバーディをとるぞ」とか、パーが続いたときには「もうひとつとるぞ」と思ってプレーすることが、いい結果につながったりするものです。

ゲームの流れをつかむには、いまの自分が置かれている流れ、前のホールの結果をふまえて攻めることが大切です。まずは、自分が積極的になりすぎてミスをしやすいタイプなのか、消極的になりすぎてミスをしやすいタイプなのかを知る。そして、心が落ち込んで無理をしやすい人は冷静なプレーを心がけ、ネガティブになりやすい人は勢いづけるプレーを意識する。それが結果としていいスコアにつながるのです。

動揺してしまいがちな状況を振り返ってみよう

私がツアープロを指導するのであれば、パー3、パー4、パー5のバーディ率、バーディのあとのバーディ率、ボギーの後のバーディ率、スタートホールのバーディ率、最終ホールのバーディ率（同じようにボギー以上を打つ確率）などをチェックし、それを通常のバーディ率と比べて、その選手の弱点を浮き彫りにします。

これは、目に見えない選手の弱点をデータとして数値化、可視化することで本人に自覚させるとともに、これからすべき練習の意義を理解してもらい、指導をスムーズに行うためです。自分を知ることが上達につながるという話をしましたが、それはプロも同じなのです。

もちろん、アマチュアの方の場合はラウンド数も少ないし、プロのように正確なデータを取ることは難しいかもしれません。それでは自分の弱点がわからないかと言えば、そんなことはないはずです。自分はどんな場面に強いのか、または弱いのか。みなさんはすでわかっていると思うのです。
「オレ、バーディをとった後はよくないんだよね」とか、「ドライバーでOBを打つと、そこからガタガタ崩れちゃうんだ」とか、「スタートが上手くいかないと、その日はダメ」などなど……。過去の経験を振り返ることで自分の弱点に気づくことはできるし、すでに気づいているはずです。「自分あるある」とでも言うのでしょうか。普段ありがちなこと。よくやってしまうこと。それを思い出してもらえば、先ほど紹介した5つのシチュエーションのうちのいくつかに、苦手意識があるはずなのです。

いい結果の後に失敗する。ミスを続けてしまう。スタートがよくない。ゴールが見えると崩れる。そうした自分の弱点がわかれば、対応策が立てやすくなります。

どんなときにミスが出やすいか

○OBなどのミスがさらにミスを呼ぶ
○スタートホールで失敗すると立ち直れない
○バンカーを避けようとしてミスをする
などなど

スタートホールに強くなる
球を打つとかえって不安になる人もいる

プロや上級者の場合、ラウンド前にウォーミングアップすることが、スタートホールのミスを減らすことに直結します。ストレッチをして球を打つ。それによって体を温め、その日の調子を知ることはとても大切な作業だからです。では、同じことをすれば誰でもスタートホールに強くなるかと言えば、そうとは限りません。

なぜなら、スタートホールに弱いアマチュアの方の場合、緊張感によってミスをするケースが多いからです。朝イチの緊張感は、たまにしかラウンドしないことが大きく影響しています。初めて人前で何かを発表する、あの緊張感に似ているのです。ただ、これはラウンド数を増やすことで自然に解決するので、それほど気にする必要はないでしょう。

次に考えられるのは調整法の間違いです。スタート前に球を打ったとき、上手く当たればいいのですが、練習量の少ない人ほど「当たらない」ことに気づいてしまいます。すると不安なままスタートすることになり、ミスが出やすくなってしまうのです。

　また、人によっては「当たらない」と気づいたとき、スイングを直し始めることもあるはずです。練習量の少ない人がラウンド前の25〜30球でテーマを見つけて、動きを直そうとしてもそれは無理というもの。そんなことをすれば、迷ってミスをするのは当たり前。スイングチェックや修正というのは、ラウンド前の作業ではないのです。

　このような傾向の人は、日々の練習量やラウンド量を増やすことが第一。スキルと経験がアップすれば、朝のストレッチと球を打つことで上手く調整できるようになります。

　それでも朝、球を打つと不安になったり、技術の修正に走ったりしやすいというのであれば、「得意なクラブしか打たない」「ティアップした球しか打たない」「素振りとアプローチとパターだけにしておく」という調整でもいいでしょう。

　あるとき、私が教えている生徒が試合前に「私、朝は練習したくないんです」と言ってきました。「なんで?」と聞くと、「朝打つと不安になっちゃうんで、打たないでいいですか?」と。私はすぐにOKし、「アプローチとパターだけやっておきなさい」と指示しました。結果はなかなかの成績でした。ラウンド前に球を打たないほうがいい結果につながるのであれば、そういう選択だってアリなのです。

上がりホールに強くなる

いいスコアが見えているときの最終ホールは注意

上がりホール（9番、18番）で崩れるという現象は、いいスコアが見えたときに起こります。たとえば、ベストスコア（ベストハーフ）がかかっているとか、80（40）を切れそうだとか、その日の目標スコアに到達できるかできないかという場面。だからこそ、そこに緊張状態が生まれてミスが出やすくなるわけです。逆に、スコアを崩しているときに追い打ちをかけるように叩くことは意外に少ないもの。スコアを崩しているときに最終ホールで叩いたとしても、いい加減になっているので、「最終ホールで崩れた」ではなく、「調子が悪かった」という認識になり、あまり記憶に残らないのかもしれません。

この「いいスコアが見えているとき」というのは、スコアに対する設定が苦しくなっている状況だとも言えます。たとえば、普段のスコアが100くらいで、ベストスコアが96の人が、残り3ホールをボギー、ボギー、ボギーで95が出るという状況だとします。

しかし、実力は100なのですから、ボギー、ボギー、ボギーという設定には無理があ

る。この設定の苦しさが、大叩きの呼び水になってしまうのです。

設定が厳しいと心が揺さぶられます。すると、通常のゴルフスイングができなくなったり、いつもどおりのマネジメント（攻め方）をしなくなったり、普段であれば冷静にジャッジできることが、できなくなる要因になってしまうのです。

最終ホールで叩くのは体力や集中力の問題だと捉えられることも多いですが、それよりもこのような心の揺れのほうが要因としては大きいのです。心の揺れによる上がりホールのミスを防ぐ方法は、次項で解説していきます。

実力よりちょっとだけ高い目標を立てる

プロでもアマでも、ゴルフには「実力どおりのスコアになる」法則があると私は思っています。どんなプレーヤーにも自分が想定しているスコアがあって、調子がよくても悪くても、結果はその想定したスコアに近づいていくのです。

たとえば、自分が想定したスコアが72のプロの場合、前半で40を叩くと、後半を32で回ったりします。逆に、前半を調子よく32で回っても、後半で40を打ち、結局想定どおりの自分になってしまうことが多い。プロの場合、前半のスコアが悪ければ、後半は「ピンだけを狙っていこう」というように、絶対的に攻めていきます。逆に前半がいいと、勝つためにそのスコアを守りにいくから伸びが止まる。そんな揺り戻しが起こるのです。

アマチュアの場合も同じです。前半がいつもより悪いと、いつもより攻めようと思うのでミスの要因となる不安や恐れがなくなります。すると、リスクの高いショットも比較的成功しやすくなるのです。よく開き直りという言葉が使われますが、その正体がコレです。

逆に前半がいいと、少し守りに入りやすい。この少しの守りがいつもと違う、普通ではない状態であるわけです。いつもより4打よかったら、残りもいつもどおりなら4打よくなるのに、逆にいつもより4打叩き、いつもどおりのスコアで終了してしまう。

前半がよかったら後半が悪い。前半が悪かったら後半がいい。すべてのプレーヤーのなかに、そんな抗うことのできない大きな流れが絶対的に存在しているのです。だからこそ、最終ホールに強くなるには、自分の想定スコアをどこに設定するかが非常に重要です。

とはいえ、闇雲に高いスコアを設定しても達成できるわけがありません。逆に、低く設定しすぎてもいいスコアで回るチャンスを逃してしまうことになりかねません。

では、どのあたりに設定するのがいいのでしょう？　これは、無理がない程度で「少し高め」に設定するのがポイントです。たとえば、100で回る自信がある人であれば95〜98、95で回る自信がある人であれば92〜93くらいに設定するのです。そうすることで「いいスコアが見えた」状態で最終ホールを迎えたとき、「設定」の厳しさを感じることを抑えられる可能性がありますし、多少打ったとしても、悪いスコアにはならないわけです。

パー3に強くなる

普段からティアップして練習する

パー3ホールに強くなるためにやってもらいたいこと。それは、ティアップした球を打つという練習です。よく、「ティアップした球を打つのはやさしい（やさしいから練習する必要はない）」などと言われるのですが、実はそうとは限りません。

普段ティアップした球を打っていない人にとって、ティアップした球を打つのは経験値の少ない行為です。不慣れな行為をしようとしてミスが出やすくなるのは当然です。

これはアマチュアに限ったことではありません。トーナメント中継などで、プロがパー3でティアップをせずに打つのを見たことがあるでしょう。これは、その選手がティアップした球を打つのが不得意であるケースが多いです。打ち込み気味に打つ選手の場合、ティアップするとフェースの上のほうに当たりやすい。これを嫌っているわけです。

このように書くと、「自分も上から打ち込むタイプだから、ティアップをしないで打てばいい」と考える人がいるかもしれませんが、アマチュアが上から打ち込みすぎると、アウトサイドインを助長するなど、いい結果にならないことが多くあります。ですから、普段からティアップした球をアイアンで打つ訓練をしておいたほうがいいでしょう。

一般的なパー3は150ヤード前後。ですから、その前後の番手をティアップして打つ練習をしておきます。ティはいちばん低いものでOK。

こういう練習をしておくと、パー3に強くなるだけでなく、スイングにもいい影響を与えてくれるはずです。

また、自分がメンバーになっているコースやよく行くコースがあれば、そのパー3のレイアウトや距離を意識して練習しておくのもいいでしょう。いまは、どのコースもウェブサイト上にホールのレイアウトや距離を載せているので、前もってチェックし、その番手を練習しておくという手もあります。

このような準備をしておけば、それだけ心が揺さぶられる度合いは低くなり、ミスの確率を減らすことができるでしょう。

外的要因によるミスを減らす

苦手な状況を意識的に練習しておく

心が動揺しているときにミスが出やすいことは理解してもらえたと思いますが、心が揺さぶられる要因には、外的なものと内的なものがあります。

外的要因というのは、コース（ハザードの有無、距離、広さ、ラフの長さ、グリーンのアンジュレーションや速さ、ピンポジションなど）、風、ライ、同伴競技者などによるもの。内的要因というのは、スコアがいい悪い、前のホールのミス、バーディとった、などによるものです。このうち、自分は何によって心が揺さぶられやすいのかを自覚するのはとても大切な作業です。その対象がわからないうちは、それによって引き起こされるミスを減らすことができません。

それが外的要因である場合には、技術を身につけることによってクリアすることが可能になります。たとえば、風が苦手であれば低い球を身につける。バンカーやパットが怖いのであればその訓練をする。また、左右のＯＢやハザードに心が揺さぶられるのであれば、狙ったところ（たとえば、練習場の奥のネットやポール）より右へ打たない、左へ打たないという練習をしたり、立ち方を工夫したりするのです。

また、外的要因に弱いという人は、ときどき「難しい」と言われているコースでラウンドすることをオススメします。距離が長い、ハザードが多い、グリーンが速くアンジュレーションが強い。そういうコースを経験することによって、普段ラウンドしているコースがやさしく感じられるようになるからです。

左右のワナを避ける立ち方

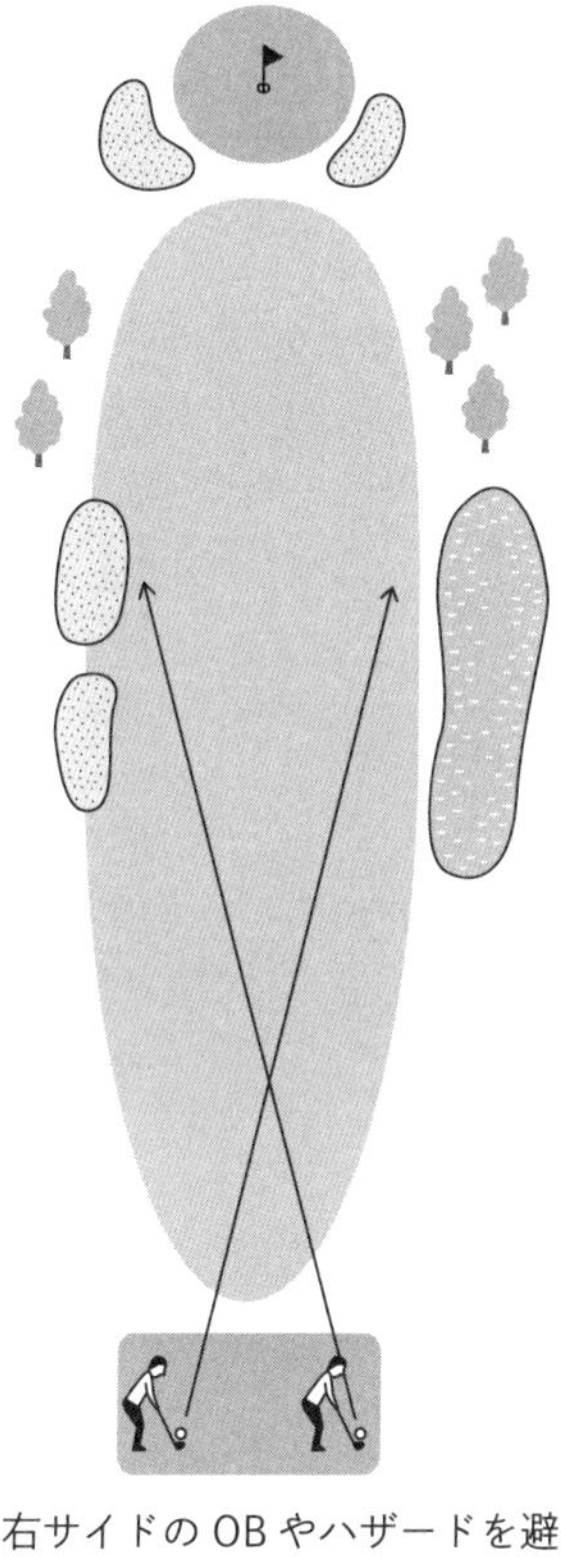

右サイドのOBやハザードを避けたいときは、ティグラウンドの右に立ってフェアウェイ左サイドを狙う。逆に、左サイドの罠を避けたいときはティグラウンドの左に立って、フェアウェイ右サイドを狙う。そうすることでフェアウェイが広く見えるため、左右の罠を避けやすくなる

内的要因によるミスを減らす

脳の指令と体の反応を一致させる

ミスの後にミスをする。いいプレーの後にミスをする。これらは、まさに内的要因によるミスだと言えます。前述したとおり、これを避けるにはまず揺さぶられた心に気づくことが大切です。景色として認識できる外的要因に対して、目に見えない内的要因は流れのなかにあるため、自分では気づかない場合も多いからです。

では、気づいたあとにどうするか。深呼吸をして心を落ち着けることも大切ですが、ミスするパターンを理解し、日ごろからそれに対応する訓練をしておくといいでしょう。

たとえば、心が動揺したことによるミスのパターンとして挙げられるのは、「前振り」のあるミスです。パッティングでいえば、パンチが入ってオーバーした後に、ゆるんでショートする。左にヒッカケた後、右に押し出すなどが一般的でしょう。

初心者であれば、オーバーし続けたり右のミスを繰り返したりすることがあるかもしれませんが、90切りを目指すレベルであれば、前のミスに反応して逆のミスをすることも多いはずです。

これらのミスが出るときは、球を打つ前に要因があります。たとえば、「距離が遠いからしっかり打とう」とか、「下りで速そうだな」「オーバーするのはイヤだな」と思っているから、パンチが入ったり緩んだりしてしまうのです。パンチが入るのは、脳の指令に対して、思っていたより手が動いてしまう症状。緩むというのは、思っていたより手が動かない症状だと言えるでしょう。ミスに反応してミスをするときは、脳の指令と体の反応が一致していないわけです。

このようなミスを防ぐには、いかに脳の指令と体の反応を一致させるかがポイント。パッティングで言えば、打つ前の段階で素振りをしながら、「このくらいのスピード、振り幅でストロークすれば、あのカップに寄るな」というイメージをしっかりつくる。そして、そのイメージどおりにストロークすることが大切です。

ただ、この素振りのイメージどおりに打つという作業は、普段から訓練をしていないと思うように実行できません。そこでやってもらいたいのが、「打った瞬間、結果を宣言する」という練習です。パッティングの距離感であれば、打った瞬間に「ピッタリ」「1m

オーバー」「2mショート」というように結果を口に出して宣言し、自分の行った運動、感覚とその結果が一致するまでトレーニングを繰り返すのです。

打った瞬間に結果を宣言することで、脳の指令どおりに体が動いたかどうかを確認し、脳の指令と体の反応を一致させるわけです。イメージどおりに打ってピッタリ寄れば、脳の指令どおりに体が反応した証拠。イメージどおりに打てず、ショートしたりオーバーしたりするのは、体が脳の指令どおりに動かなかった証拠です。

イメージどおりに打てたのに距離が合わない場合は、イメージの設定が悪いので、素振りのイメージを調整しましょう。

このように、普段から脳の指令と体の反応を一致させる訓練をすることで、内的要因によるミスを格段に減らすことができます。とくに、アプローチやパットなどは打つ前の素振りできっちり寄るイメージをつくり込んでおくことが成功のカギなので、しっかり練習しておきましょう。

第４章のまとめ

◎「より１打に集中すべき５つの状況」を自覚する

◎どんな場面に強いのか、または弱いのか自分の弱点を知る

◎いいスコアが見えているときの最終ホールには注意する

◎目標スコアが高すぎても、低すぎても弊害となる

◎パー３でティアップしてアイアンを打つ練習をしておく

◎ミスを防ぐには脳の指令と体の反応を一致させる

青春新書
PLAYBOOKS

人生を自由自在に活動《プレイ》する

人生の活動源として

いま要求される新しい気運は、最も現実的な生々しい時代に吐息する大衆の活力と活動源である。

文明はすべてを合理化し、自主的精神はますます衰退に瀕し、自由は奪われようとしている今日、プレイブックスに課せられた役割と必要は広く新鮮な願いとなろう。

いわゆる知識人にもとめる書物は数多く窺うまでもない。

本刊行は、在来の観念類型を打破し、謂わば現代生活の機能に即する潤滑油として、逞しい生命を吹込もうとするものである。

われわれの現状は、埃りと騒音に紛れ、雑踏に苛まれ、あくせく追われる仕事に、日々の不安は健全な精神生活を妨げる圧迫感となり、まさに現実はストレス症状を呈している。

プレイブックスは、それらすべてのうっ積を吹きとばし、自由闊達な活動力を培養し、勇気と自信を生みだす最も楽しいシリーズたらんことを、われわれは鋭意貫かんとするものである。

―創始者のことば― 小澤和一

著者紹介

井上 透〈いのうえ とおる〉

1973年4月3日生まれ。横浜市出身。アメリカでゴルフ理論を学び、1997年より日本ツアーにおいて初のプロコーチとして男子ツアーに帯同。中嶋常幸プロなど多くのプロのコーチを歴任し、現在も成田美寿々プロ、川岸史果プロなど多くのプロのコーチングを行っている。2011年には早稲田大学大学院にて「韓国におけるプロゴルファーの強化・育成に関する研究」で最優秀論文賞を獲得。現在は国際ジュニアゴルフ育成協会理事長として、世界ジュニアゴルフ選手権の日本代表監督に就任。また、2016年より東京大学ゴルフ部の監督に就任。2017年秋のDブロックで男女共に優勝するなど大きな成果を上げている。

最強《さいきょう》プロコーチが教《おし》える
ゴルフ 90を切《き》る「素振《すぶ》りトレ」 青春新書 PLAYBOOKS

2018年 5 月 1 日　第 1 刷

著　者　井《いの》　上《うえ》　透《とおる》

発行者　小 澤 源 太 郎

責任編集　株式会社プライム涌光

電話　編集部　03(3203)2850

発行所　東京都新宿区若松町12番1号 〒162-0056　株式会社青春出版社

電話　営業部　03(3207)1916　振替番号　00190-7-98602

印刷・図書印刷　製本・フォーネット社

ISBN978-4-413-21111-6